CHORDTONESOLOING FÜRJAZZGITARRE

Eindrucksvoll Improvisieren mit Arpeggios für Jazzgitarre

JOSEPHALEXANDER

FUNDAMENTALCHANGES

Chord Tone Soloing für Jazzgitarre

Eindrucksvoll Improvisieren mit Arpeggios für Jazzgitarre

Deutsche Edition

Herausgegeben von **www.fundamental-changes.com**

ISBN: 978-1-910403-63-1

Copyright © 2019 Joseph Alexander

Übersetzt von Elisabeth Pfeiffer

Das Urheberrecht liegt beim Autor.

www.fundamental-changes.com

Inhalt

Zur Übersetzung:

Dieses Buch wurde *aus dem Englischen* übersetzt. Es wurden die **englischen Notennamen beibehalten**. Das deutsche H wurde durch B ersetzt, die Schreibweise Bb belassen. Alterierte Töne, wie Fis, Cis, Gis, usw. wurden ebenfalls in der englischen Schreibweise F#, C#, G#, etc. belassen.

Grafiken und Bilder mit Text sind in diesem Buch meist *nicht* übersetzt worden. Die meisten Beschriftungen sollten sich aus dem Fließtext erschließen. Trotzdem haben wir die Übersetzung jeweils als Zeile über der Grafik eingefügt.

Hier eine kleine Liste der **wichtigsten Begriffe**:

Engl.	**Dt.**
Major	Dur
Minor	Moll
Diminished (dim)	Vermindert
Think:	Denke:
Resolve	Auflösung
Chord	Akkord
Triad	Dreiklang
Arpeggio (abgekürzt: Arp)	Arpeggio
Dorian	Dorisch
Phrygian	Phrygisch
Lydian	Lydisch
Mixolydian	Mixolydisch
Aeolian	Äolisch
Locrian	Lokrisch
Intervals	Intervalle
2nd	Sekund
3rd	Terz
4th	Quart
5th	Quint
6th	Sext
7th	Septim
Octave	Oktave
C.P.N – Chromatik Passing Tone	Chromatischer Durchgang
Scale Note	Skalaton (Ton aus der Quellskala)

Einleitung

Solos auf der Jazzgitarre können eine komplizierte Sache sein; vor allem, wenn man zu Akkord-Changes improvisiert.

Im Gegensatz zu modernen Popsongs, verändert sich die Tonart in Jazz-"Standards" oft innerhalb eines Refrains. Wir Solisten sehen uns oft gezwungen, durch ein ganzes Minenfeld voll theoretischer Konzepte zu navigieren, die uns diese harmonische Komplexität erschließen sollen. Und gleichzeitig sollen wir noch musikalisch und kreativ spielen. Im Normalfall verhindert aber gerade dieses „Zuviel-Denken" spontane Kreativität.

Aber es natürlich auch, dass der Solist die Changes (Akkordstruktur eines Stückes) in- und auswendig können muss, so dass er die richtigen Töne an der richtigen Stelle spielt. Damit Solos frei und kreativ fließen können, muss man die Struktur des Songs auf einer grundlegenden Ebene vollkommen verstanden haben.

Jeder Jazzmusiker muss seine Balance zwischen einem kognitiven und vollkommen spontanen Improvisationsansatz finden.

Zusätzlich zum Verstehen und Auswendiglernen der Jazzakkorde, müssen Gitarristen oft auch noch zusätzliche, instrumentenspezifische Probleme bewältigen. Die richtigen Akkorde, Tonleitern und Arpeggios wollen schließlich über das ganze Griffbrett verteilt werden können. Von einem Arpeggio gibt es viele verschiedenen Formen zu lernen. Pianisten haben dieses Problem nicht.

Es ist schon herausfordernd genug, alle Arpeggios und Tonleiterformen für nur einen Akkord zu lernen, aber das Problem potenziert sich, wenn man bedenkt, dass Akkorde so gut wie nie nur für sich alleine gespielt werden. Bei einem Solo über zwei oder mehr Akkorde in einer Akkordsequenz, kann es schon zäh werden.

Und wenn man jetzt bedenkt, dass es Hunderte von *Jazzstandards* gibt, kann es wirklich schwierig werden, zu wissen, wo man überhaupt mit dem Improvisieren auf der Gitarre anfangen soll.

Wenn wir an Jazzimprovisation wirklich so herangehen würden, würde wahrscheinlich niemand sich je trauen, eine einzige Note zu spielen. Deshalb begegnet man dieser Herausforderung am besten, indem man Gedankengänge vereinfacht und nach den Gemeinsamkeiten sucht, die für die allermeisten Jazzprogressionen (Akkordfolgen) die Basis bilden.

Erst einmal wirst du erkennen, dass es nicht annähernd so viele Jazzprogressionen gibt, wie du vielleicht denkst. Es gibt zwar Hunderte Jazzsongs, aber viele davon verwenden unglaublich ähnliche Akkordsequenzen. Im Bebop haben Leute wie Charlie Parker und Dizzy Gillespie zum Beispiel neue Melodien über die Changes von bereits existierenden Songs geschrieben; und das war damals vollkommen normal.

Die Melodien von Anthropology (Parker/Gillespie), Moose the Mooche (Parker) und Oleo (Rollins) werden alle über die Changes von I Got Rhythm (George Gershwin) gespielt.

In der Bebopphase war Jazz, was komplizierte Akkordfolgen betrifft, wahrscheinlich so komplex wie nie zuvor und seither nicht mehr. Im Hard Bop und in der Modalen Phase, die beide auf den Bebop folgten, waren die Stücke *grundsätzlich* harmonisch weniger komplex. Dafür konnte der Solist größere melodische Experimente wagen. Natürlich gibt es für diese Regel auch Ausnahmen; besonders in einigen Formen der Jazz-Fusion und auch der Giant-Steps-Phase von John Coltrane.

Dieses Buch vermittelt dir mehr als dreizehn Progressionen, die das harmonische Rückgrat des Jazz bilden und zeigt dir wie du über sie improvisieren kannst.

Ich kann dir nicht versprechen, dass dieses Buch *jede* nur denkbare Akkordsequenz behandelt, auf die du auf deinem Weg als Jazzsolist antreffen wirst. Aber die Akkordfolgen auf diesen Seiten werden dir immer und immer wieder bei deinen Studien begegnen. Diese bekannten Strukturen bilden die Grundlage jeglicher Jazzmusik.

Nachdem wir unseren Blick auf nur dreizehn bekannte Akkordfolgen im Jazz fokussiert haben, können wir unsere Aufmerksamkeit auf einige der gitarrenspezifischen Herausforderungen richten.

Es sollte die oberste Priorität aller Musiker sein, einfach Musik zu machen. Lassen wir die ganze gefühlte Komplexität von Jazzimprovisation mal kurz außer Acht. Wenn es eine einfache Methode gäbe, eine eindringliche Melodie über eine Akkordfolge zu improvisieren, sollten wir diese Methode dann nicht als Ausgangspunkt verwenden?

Manchmal können wir Akkordsequenzen im Jazz mit nur einer „Quellskala" aufschlüsseln. Die Akkorde der folgenden Sequenz, zum Beispiel, gehören alle zu Bb-Dur:

Du kannst über diese ganze Akkordfolge mit der Bb-Durskala improvisieren und die meisten Töne von Bb-Dur werden überall in der Abfolge gut klingen. Im Pop und Rock wird das ziemlich häufig gemacht.

Beim Tonleitern spielen bekommen wir aber im Jazz (und da vor allem im Bebop) ein Problem: Jazzmelodien werden eigentlich nicht um Tonleitern herum gebildet. Man betrachtet stattdessen eher jeden Akkord als separate Einheit und baut Improvisationen nicht um die „Quellskala" der Akkordfolge, sondern um das *Arpeggio* des entsprechenden Akkordes auf.

Bei einem Arpeggio spielt man die Töne des einzelnen Akkordes nacheinander; nicht alle gleichzeitig. Du kannst dir das Spielen eines Arpeggios auch als „lautes Sprechen" der einzelnen Silben des Akkordes vorstellen; so wie ein kleines Kind vielleicht das Word „Di-no-sau-ri-er" aussprechen würde. Wenn du ein Arpeggio spielst, buchstabierst du die Akkorde in deinem Solo und artikulierst so ihren einzigartigen Sound.

Arpeggios sind die Grundlage der Jazzimprovisation und es gibt verschiene Arten, unterschiedliche Arpeggios in einer Akkordsequenz miteinander zu verbinden. Das Gerüst einer Jazzimprovisation sind Arpeggiotöne, die man beim Akkordwechsel *gezielt anspielt*.

Stell' dir Arpeggios als das Knochengerüst einer Jazzimprovisation vor, während die Tonleitern und Substitutionen das Fleisch auf den Knochen bilden, die das Solo interessant und einzigartig machen.

In diesem Buch erfährst du, wie man Arpeggios miteinander in Zusammenhang mit den gebräuchlichsten Akkordfolgen im Jazz verknüpft. Außerdem lernst du einige wichtige Substitutionen kennen, und bekommst Tipps und Tricks, damit dir das Improvisieren leichter fällt und du kreativer dabei wirst.

Zwar gehören wahrscheinlich alle Akkorde einer Sequenz zu einer Quellskala, aber Arpeggios sind ein Werkzeug, das uns hilft die richtigen *Skalentöne* über dem richtigen *Akkord* zu spielen.

Wie wir im Notenbild vorhin gesehen haben, enthält die Quellskala von Bb-Dur alle Noten der Cm7-, F7- und Bbmaj7-Arpeggios, so wie es in der folgenden Tabelle gezeigt wird.

Bb-Durtonleiter: Bb C D Eb F G A

Akkord	Töne des Arpeggios			
Cm7	C	Eb	G	Bb
F7	F	A	C	Eb
Bbmaj7	Bb	D	F	A

Wie du siehst, enthält die Quellskala Bb-Dur die Arpeggiotöne für jeden Akkord, aber jeder Akkord enthält nur vier spezifische Töne.

Die jeweiligen Arpeggiotöne klingen stärker/sicherer, wenn sie über ihren eigenen Akkord gespielt werden. Die Note Eb klingt beispielsweise ganz solide, wenn du sie über den Cm7-Akkord spielst. Aber wenn du ein Eb über einen Bbmaj7-Akkord spielst, wirst du einen kleineren klanglichen Konflikt hören, den du auflösen musst.

Wenn du Improvisationen mit Arpeggios über Akkordfolgen übst, lernst du, die stärksten Töne in jedem Akkord zu hören und diese gezielt anzuspielen. Zusätzlich zum „Changes spielen" auf der Gitarre, lernst du, wie sich diese *Zieltöne* anfühlen und wie sie klingen. Sobald du diese stabilen Ankertöne einmal verinnerlicht hast, werden deine Melodien beim Improvisieren ganz natürlich immer wieder auf diese Zieltöne hinführen.

Man spricht vom *„Changes treffen"*, wenn man die Töne, die sich in einer Akkordfolge verändern, gezielt anspielt. Du wirst dich mit der Zeit als Musiker verbessern und entwickeln. Wahrscheinlich wirst du dich dann bewusst dafür entscheiden, Töne anzuspielen, die nicht im Arpeggio enthalten sind. Diese Kontrolle und musikalische Entscheidungsfähigkeit gründet aber darauf, dass du stabile Arpeggios über Changes auf deinem Instrument spielen und hören kannst.

Wenn du genügend Arpeggios geübt hast, wird es einfach, Tonleitern kreativ und gezielt einzusetzen. Du wirst wie von selbst und fast schon unbewusst zu den stärksten Akkordtönen zurückkommen, wenn du dein Gehör mit Arpeggios trainiert hast. Das wird dir große melodische Freiheit in deinen Solos schenken.

Wir Gitarristen können, im Gegensatz zu anderen Instrumentalisten, die gleichen Tonleitern, Arpeggios und Akkorde über das ganze Griffbrett verteilt, und damit auf viele verschiedene Arten spielen. Das kann einem leicht das Gefühl vermitteln, dass man jede musikalische Struktur, überall auf dem Griffbrett spielen können sollte. Diese Vorstellung ist weit verbreitet und schlicht und ergreifend falsch; vor allem wenn du musikalisch noch am Anfang stehst.

Natürlich ist es großartig, absolute Kontrolle über das Griffbrett zu haben; aber das sollte ein sehr langfristiges Ziel sein. Sogar die besten Jazzgitarristen bleiben in ihren persönlichen Lieblingslagen auf dem Griffbrett. Natürlich gibt es einige unglaubliche Gitarristen, die wirklich alles überall auf dem Griffbrett spielen können. Aber das ist das Ergebnis jahrelanger ernsthafter Studien.

Denk' dran, dass es das Ziel von Üben ist, schnell und mühelos Musik zu machen. Es macht *keinen* Sinn sich in allen erdenklichen Griffbrettpermutationen zu verzetteln.

Wenn du andere Bücher von mir gelesen hast, wirst du wissen, dass ich ein großer Fan des CAGED-Systems bin. Das CAGED-System versorgt dich mit fünf Formen oder Fingersätzen von jedem Akkord, jeder Tonleiter und jedem Arpeggio, mit denen du das gesamte Griffbrett abdecken kannst.

Wenn du anfängst, dich mit Improvisation für Jazzgitarre auseinander zu setzen, möchte ich dir raten, jede Akkordfolge zunächst in nur *einem* Bereich auf dem Griffbrett zu lernen. Perfektioniere die Changes in nur diesem einen Bereich. Eigentlich trainierst du nämlich dein Gehör, damit du die Changes *hören* kannst.

Deine Musikalität wird sich schnell entwickeln und bald werden deine Finger sich von deinen Ohren leiten lassen.

Sobald du den Klang einer vollständigen Akkordfolge in einer Position auf der Gitarre verinnerlicht hast, wird dir der Wechsel zu anderen Griffbrettbereichen viel leichter fallen. Diese konzentrierte Herangehensweise wird dir helfen, dein musikalisches Gehör richtig gut zu entwickeln und dir große Sicherheit geben, die Changes in diesem ersten Griffbrettbereich zu treffen. Dadurch kannst du schnell alle anderen melodischen Aspekte des Jazz dazu nehmen, so dass deine Musik zum Leben erwacht.

Jede der dreizehn wichtigen Akkordsequenzen in diesem Buch werden in einer Position auf dem Griffbrett gezeigt. Das Konzept des Buches besteht darin, dass du eine Position vollkommen beherrschst, bevor du weitergehst. Im Verlauf des Buches wirst du sehen, dass du immer wieder dazu angehalten wirst, andere Fingersatzmuster zu verwenden und dir das Griffbrett immer mehr zu erschließen.

Einerseits wird dieses Buch harmonisch komplexer, je weiter du fortschreitest; aber andererseits wird es auch leichter, weil du viele Akkorde, Arpeggios und Tonleiterformen, die du schon gelernt hast, immer wieder anwenden wirst.

Die Akkordsequenzen in diesem Buch decken einen Großteil der Akkordfolgen ab, die dir als Jazzgitarrist begegnen werden. Aber du solltest diese Akkordfolgen lediglich als isolierte Übungen sehen, die dir helfen die wichtigsten Töne in jedem Akkord gezielt anzuspielen. Zusätzlich solltest du die chromatischen und rhythmischen Konzepte lernen, die die Basis für jede Jazzimprovisation auf der Gitarre bilden.

Dieses Buch sollte zusätzlich zu anderen traditionellen Übemethoden für Jazzimprovisation verwendet werden. Zu diesen gehören unter anderem:

- Großartigen Jazzinstrumentalisten zuhören

- **Die Melodie des Stückes lernen, an dem du gerade arbeitest**

- Lernen, wie man Solos transkribiert

- Solos transkribieren

- In Licks/Vokabel-Büchern nachschlagen

- Mit anderen Jazzmusikern spielen

Dieses Buch wird dir dabei helfen, dich auf dem Griffbrett und in den wichtigsten Akkordfolgen zurecht zu finden. Gleichzeitig zeigt es dir alle *chromatischen „Approach-Notes"* und Jazzgitarrentechniken, die deinem Spiel den authentischen Jazzsound geben.

Hol' dir die Audio-Dateien

Die Audio-Dateien für dieses Buch sind als kostenloser Download auf www.fundamental-changes.com mit dem Link in der oberen rechten Ecke erhältlich. Wähle einfach diesen Buchtitel aus dem Menü und befolge die Download-Anleitung.

Wir empfehlen, dass du zunächst die Dateien auf deinen Computer, nicht auf dein Tablet, herunterlädst und sie dann in deine Media-Bibliothek extrahierst. Danach kannst du sie auf dein Tablet oder deinen iPod laden oder eine CD brennen. Auf der Download-Seite findest du auch ein hilfreiches PDF. Wir bieten auch technischen Support über das Formular auf der Download-Seite.

Kindle / eReaders

Um dieses Buch optimal zu nutzen, denke daran, dass du jedes Bild mit einem Doppel-Tap größer machen kannst. Schalte die "Spaltenansicht" aus und halte dein Kindle im Querformat.

Für über 200 Kostenlose Unterrichtseinheiten für Gitarre mit Videos gehe zu: www.fundamental-changes.com

Facebook: **FundamentalChangesInGuitar**

Instagram: **FundamentalChanges**

Mit Diesem Buch Arbeiten

In diesem Buch werden die dreizehn häufigsten Akkordfolgen im Jazz isoliert und es wird dir gezeigt, wie du über diese Sequenzen improvisieren kannst, indem du passende Arpeggios und chromatische Zusatztöne verwendest.

Vielleicht schreckt dich die theoretische Sprache des Jazz zunächst etwas ab. Aber mach' dir keine Sorgen. Jedes einzelne Konzept in diesem Buch wird langsam und musikalisch mit jeder Menge praktischen Beispielen erarbeitet. In folgenden Abschnitt findest du einen kurzen Überblick darüber, wie dieses Buch funktioniert. Alle komplexen Inhalte, werden ganz klar und einfach beschrieben.

Am Anfang von jedem Kapitel steht die Akkordfolge um die es geht, wo du Beispiele von dieser Akkordsequenz in der Musik finden kannst und einigen Hörempfehlungen. Alle wichtigen Theorieinfos, wie Tonarten und eine kurze Analyse der Changes, werden stichpunktartig aufgeführt.

Jedes Übebeispiel wird in einer bestimmten Position auf der Gitarre vermittelt und auf diesen Griffbrettbereich solltest du dich anfangs auch konzentrieren. Am Ende des Kapitels gibt es weitere Vorschläge für Positionen geben, die du üben kannst, wenn du die ursprünglich vorgeschlagene Position draufhast.

Es bringt am meisten, den *Klang* der Akkordfolge zu verinnerlichen, wenn du lernst über Changes zu improvisieren. Du kannst das erreichen, indem du die Akkordformen durchspielst und alles sehr gründlich in nur einer Position auf der Gitarre übst. Spiel' mit den Backing-Tracks mit! Das fördert dein Zeitgefühl und lässt dich musikalisch spielen.

Du wirst feststellen, dass du die Konzepte viel leichter auf andere Positionen übertragen kannst, wenn du die Changes zuerst hören und *fühlen* kannst. Viele großartigen Solos verwenden nur die erste Position der Moll-Pentatonikskala, weil das einfach so gut funktioniert. Über Changes in einer Position improvisieren zu lernen, ist erstmal genug Arbeit.

Am Anfang des Kapitels werden die entsprechenden Akkordformen vorgestellt. Wenn diese Akkorde mal sitzen, lernst du, wie man richtig Arpeggios um diese Akkorde herum konstruiert. Je nachdem, wie weit du schon bist, wird deine erste Aufgabe vielleicht sein, diese Arpeggios einfach auswendig zu lernen.

Am besten konzentriert man sich auf einen sehr kleinen Griffbrettbereich, wenn man lernen möchte, wie man über Changes improvisiert. Du wirst zum Beispiel viel schneller Fortschritte machen, wenn du dir erst einmal anschaust, wie sich die Arpeggiotöne zwischen den Akkorden auf nur zwei Saiten verändern.

In jedem Kapitel findest du viele Übungen und Beispiele. Aber ich möchte betonen, dass *diese nur ein Anfangspunkt für dich sein können!* Es ist deine Aufgabe, so viele Wege, wie möglich zwischen den Arpeggiotönen zu finden. Es gibt unendlich viele Wege zwischen den Akkord-Changes zu navigieren und wir werden diese in jedem Kapitel gründlich besprechen.

Übe jede Sequenz auf Viertelnoten (eine Note pro Schlag) und verwende die Backing-Tracks als Hilfestellung. Sie sind absichtlich sehr langsam eingespielt. Bleibe bei einem kleinen Bereich des Griffbretts und versuche alle Möglichkeiten, die sich dir dort bieten, voll auszuschöpfen.

Wenn du sicherer wirst, kannst du Achtelnoten spielen und schließlich Viertel- und Achtelnoten kombinieren. Keine Sorge: auf dem Weg durch das Buch findest du jede Menge musikalische Beispiele.

Für deine nächste Entwicklungsstufe kommen chromatische Töne ins Spiel. Stell' dir einfach vor, dass du auf dieser Stufe „die Punkte verbindest". In jedem Abschnitt wird das wieder genau erklärt, aber grundsätzlich geht es darum, Töne hinzuzufügen, die Arpeggios elegant und melodisch miteinander verbinden.

In Kapitel 15 gibt es viele zusätzliche Übungen, die du auf jede Akkordfolge in diesem Buch anwenden kannst. Diese Übungen beschäftigen sich zum Beispiel mit einem spezifischen Intervall in den Arpeggios, kombinieren Intervalle, schlagen ein rhythmisches Konzept vor oder lassen dich außerhalb der ursprünglichen Akkordtöne spielen. Wenn du so übst, bekommst du nicht nur einen besseren Überblick über das Griffbrett und ein tiefgreifendes musikalisches Verständnis, es wird dir auch dabei helfen, den Klang der Akkordfolge zu verinnerlichen.

Arpeggio-Substitutionen

Im Jazz ist es möglich (und vollkommen normal) verschiedene *Substitutionsarpeggios* über einen Akkord zu spielen. *Substitutionen* reichern den ursprünglichen Akkord klanglich mit Akkordstufen, wie 9ern, 11ern und 13ern an. Am häufigsten spielt man im Jazz eine Substitution, also ein neues Arpeggio, das auf der Terz des ursprünglichen Akkordes aufgebaut wird. Dieses Konzept wird ausführlich in Kapitel 1 erklärt.

Jede Progression in diesem Buch enthält mindestens einen *funktionalen* Dominantseptakkord. Ein funktionaler Dominantseptakkord löst sich zum Tonika-Akkord auf; zum Beispiel F7 zu Bbmaj7. Über funktionelle Dominantseptakkorde kann eine ganze Reihe verschiedener Arpeggios gespielt werden. Die wichtigsten *Dominantsubstitutionen* werden nach und nach im Verlauf des Buches vorgestellt. Manchmal haben diese Substitutionen ziemlich abschreckende/coole Namen, wie „Die Tritonus-Substitution". Lass' dich vom Namen nicht abschrecken! Das Konzept ist ziemlich einfach.

In der Musik werden Dominantseptakkorde normalerweise verwendet, wenn das Stück an einer Stelle mehr Spannung haben soll. Weil sie schon viel Spannung haben und sich schnell zu einem anderen Akkord auflösen, geben Jazzmusiker sehr gerne noch etwas *mehr* Spannung in diese Dominantakkorde hinein.

Dominantseptakkorde macht man noch spannungsreicher, indem man zur ursprünglichen Harmonie *chromatische Alterationen* hinzufügt. Zum Beispiel würde die Akkordsequenz F7 nach Bbmaj7 auch genauso als F7b5b9 nach Bbmaj7 gespielt werden. Solisten bauen diese Art von *alterierter Spannung* mit ganz besonders cleveren Arpeggio-Substitutionen an Stelle des ursprünglichen F7-Akkordes in die Melodie ein.

Immer wenn eine neue Substitution eingeführt wird, findest du eine vollständige Erklärung und viele begleitende Musikbeispiele dazu, damit du sie ganz natürlich in dein eigenes Spiel einbauen kannst. Du solltest aber immer bedenken, dass diese cleveren Substitutionsarpeggios einfach nur *Optionen* sind. Du kannst sie nur beurteilen, indem du sie ausprobierst. Und wenn sie dir nicht gefallen, lass' sie vorerst einfach weg.

Komplexe Substitutionen mal ganz beiseite: wenn du gerade mit Jazzimprovisation anfängst, ist deine oberste Priorität, dass du die Arpeggios der ersten Stufe (vom Grundton zur Septim) über jede Akkordfolge meisterst. Wenn du diese Arpeggios mal drauf hast, kannst du anfangen chromatische Töne und Substitutionen in deine Arpeggios miteinzubeziehen.

75% aller Bebop-Improvisationen basieren auf den ersten Arpeggios in jedem Kapitel. Du solltest einen Löwenanteil deiner Übezeit auf jeden Fall auf diese Arpeggios verwenden. 20% der Improvisationen werden einfache Substitutionsarpeggios verwenden und vielleicht 5% bestehen aus komplexeren Ideen, die du weiter hinten im Buch findest. Setze deine Übezeit sinnvoll ein.

Kapitel 1: ii V I in Dur

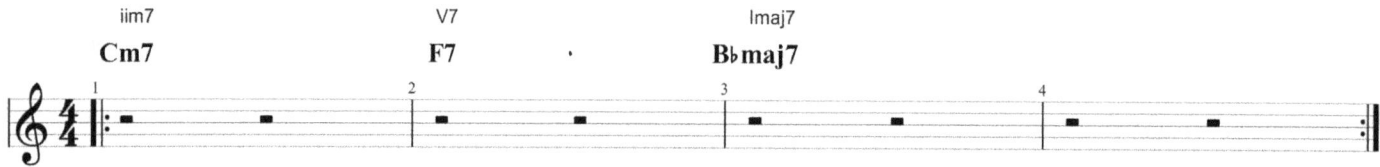

Diese Akkordfolge (Progression) kannst du auf dem Backing-Track Nr. 1 hören.

Tonales Zentrum: Bb-Dur.

Quellskala: Bb-Dur.

Die ii-V-I-Wendung in Dur ist der Fels auf dem Jazz erbaut ist. Du kannst sie in fast jedem Stück von der späten Swing-Ära bis heute hören. Wichtig hierbei ist, dass im Jazz etwas später die iim7 eingeführt wurde, die im Bebop recht populär war. Im Swing, zumindest die meiste Zeit über, wurde diese harmonische Wendung normalerweise einfach als V-I geschrieben. Der ii-Akkord wurde von Bebopspielern hinzugefügt und hat zusätzliche Improvistationsoptionen ermöglicht, ohne die Tonalität der Progression zu beeinflussen.

Gute „Übe"-Stücke, die die ii-V-I-Wendung in Dur in den Mittelpunkt rücken, sind:

- Blue Bossa
- Tune Up
- Autumn Leaves
- Perdido
- All the Things You Are

Und noch viele weitere.

Der Ablauf des Übens/Lernens, den du in diesem Kapitel lernen wirst, wird sich in allen weiteren Kapiteln mit anderen Akkordfolgen wiederholen. Überstürze die folgenden Schritte nicht. Sie werden dir helfen, ein fundamentales Verständnis und musikalisches Feeling für die häufigsten Changes in der Musik zu entwickeln.

Lerne erst einmal die Akkordfolge und die Akkordformen.

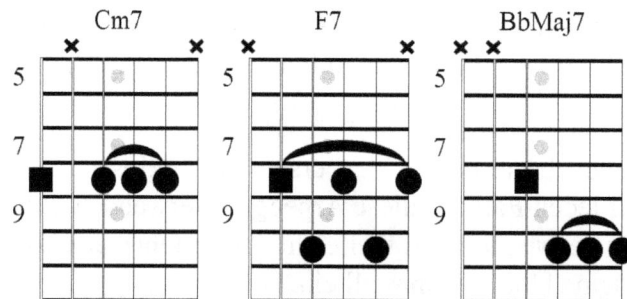

Lerne diese Griffformen auswendig und spiele sie zum Backing-Track Nr. 1. Diese Akkorde bilden visuelle „Anker" für alles, was in diesem Kapitel folgt.

Die folgenden Arpeggios musst du kennen, damit du über jeden Akkord richtig improvisieren kannst. Wie du siehst, bauen sie auf den Akkordformen von eben auf. Versuche jede Akkordform zu visualisieren, während du jedes Arpeggio auf- und abwärts spielst.

Arpeggios in der ersten Position:

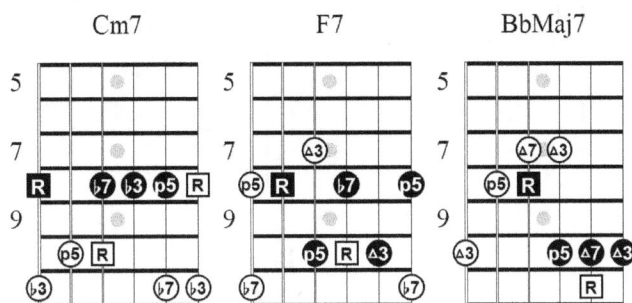

Cm7   F7   BbMaj7

Arbeite die folgenden Schritte durch, um jede Arpeggioform leichter auswendig zu lernen. Spiele vor jedem Übeschritt den Akkord, *der zu jedem Arpeggio gehört (er ist schwarz markiert).*

- Spiele das Arpeggio aufwärts vom Grundton aus. Der Grundton ist als schwarzes Quadrat dargestellt.
- Spiele das Arpeggio aufwärts vom tiefsten Ton auf der 6. (Bass-)Saite aus.
- Spiele das Arpeggio abwärts vom höchsten Ton auf der 1. (Diskant-)Saite aus.
- Spiele das Arpeggio aufwärts und abwärts vom tiefsten zum höchsten Ton.
- Wiederhole den letzten Schritt, aber sprich' diesmal die Namen der Intervalle laut mit, während du spielst. Sage zum Beispiel beim Cm7-Arpeggio oben: „Grundton, kleine Terz, Quint, kleine Septim".

Wenn du dich mit diesen Arpeggios wohl fühlst, versuche alle drei Arpeggios miteinander zu verbinden, indem du die folgenden Schritte anwendest (du musst noch nicht jede Form auswendig können. Es ist ok, sie einfach abzulesen).

- Spiele abwechselnd jedes Arpeggio aufwärts vom Grundton aus. Mach' jeweils zwischen den Arpeggios eine kleine Pause.
- Spiele abwechselnd jedes Arpeggio vom tiefsten Ton auf der 6. Saite aus.
- Dann spiele abwechselnd jedes Arpeggio vom höchsten Ton auf der 1. Saite aus.
- Spiele das erste Arpeggio aufwärts vom tiefsten Ton aus, spiele dann das Zweite abwärts vom höchsten Ton aus und dann spiele das Dritte wieder aufwärts vom tiefsten Ton aus.
- Dreh' die Reihenfolge des letzten Schrittes um.

Gehe kreativ mit den Übungen um und finde für dich neue Möglichkeiten diese Arpeggioformen auswendig zu lernen. Es kann sogar sehr hilfreich sein, die Arpeggios auswendig aufzuschreiben, wenn du keine Gitarre parat hast.

Wenn du dich sicher fühlst, wird es Zeit für einige Übungen, mit denen du lernst, ganz gezielt bestimmte Akkordtöne anzuspielen. Zunächst ist deine Aufgabe, dich auf einen klitzekleinen Bereich des Gitarrengriffbretts zu konzentrieren und dort so viele Verbindungen zwischen den Arpeggios wie möglich zu finden.

Verwende Backing-Track Nr. 1 und isoliere zunächst die beiden höchsten Saiten auf der Gitarre. Spiele vier Noten aus jedem Arpeggio in jeweils einem Takt (Viertelnoten).

Beispiel 1a:

Cm7 — F7 — B♭maj7

```
Takt 1          Takt 2              Takt 3              Takt 4
11----8----     ----8--11--8--      10----------        10----------10--
----11--8--     10------------      --11--10--11--      --10--11----
```

Cm7 — F7 — B♭maj7

```
Takt 5          Takt 6              Takt 7              Takt 8
8------------    ----8--11--8--      10----------        10----------
--11--8--11--    10------------      --11--10--11--      --11--10--11--
```

Im obigen Beispiel wird die Akkordsequenz zweimal wiederholt und ich habe für jede Wiederholung eine andere Navigation zwischen den Changes notiert. Es gibt nur eine Regel: Jedes Mal, wenn der Akkord wechselt spiele ich einen Ton aus dem neuen Arpeggio.

Die Beispiele in diesem Buch stellen nur einen Ausgangspunkt dar. Deine Aufgabe ist, möglichst viele Wege zu finden, durch die aufeinanderfolgenden Arpeggios zu navigieren. Wenn du dich auf zwei Saiten beschränkst, lässt du deine Finger in den Arpeggioformen spazieren gehen und du kannst ganz entspannt herausfinden, wie viele Routen durch die Changes du finden kannst.

Wenn dir die Ideen ausgehen, gehe zum nächsten Saitenpaar (z.B. die 2. und 3. Saite) weiter und wiederhole die Übung. Es gibt zwei mögliche Routen durch diese Changes hindurch.

Beispiel 1b:

Cm7 — F7 — B♭maj7

```
Takt 1          Takt 2              Takt 3              Takt 4
8--11--8--      ----10--10----      10--11----          10----------
------8----     10----------8--     --7--10------       --10--7--10--
```

Cm7 — F7 — B♭maj7

```
Takt 5          Takt 6              Takt 7              Takt 8
----8--11--8--   10--------10--      11--10----10--      10----------10--
8-----------     ----10--8----       ------10------      --10--7--10--
```

Wiederhole diese Vorgehensweise auf jedem Saitenpaar: den Saiten 3 und 4, 4 und 5 und schließlich 5 und 6.

Mittlerweile sollte dir klar sein, dass einige Noten in mehr als einem Arpeggio vorkommen. Wenn du Noten beim Akkordwechsel wiederholen möchtest, kannst du das gerne tun, solange der Ton in beiden Arpeggios vorkommt.

Mit der Zeit kannst du dich auf etwas größere Saitengruppen konzentrieren. Das folgende Beispiel zeigt dieselbe Übung über die 2., 3. und 4. Saite.

Beispiel 1c:

Cm7   F7   B♭maj7

```
T |--8----------------|-------------8-----|--7--10--10--11----|--10----------------|
A |------8----10---8---|--7--10--------10--|-----------------|-------10----7------|
B |--------------------|--------------------|-----------------|----------------8--|
```

Cm7   F7   B♭maj7

```
T |-----------8----11-|--10--------------|-----------------7-|--10--10--11--10---|
A |------8------------|--------10----8----|--8---7----8------|-------------------|
B |--10---------------|---------------10--|-----------------|-------------------|
```

Finde möglichst viele Routen, indem du ausschließlich diese Gruppe von drei Saiten verwendest.

Arbeite dich dann weiter durch alle möglichen angrenzenden Dreigruppen von Saiten und gehe dann weiter zu Vierergruppen. Bald wirst du ein großes Repertoire von Möglichkeiten haben, diese Arpeggios miteinander zu verbinden. Die Arbeit, die du an dieser Stelle investierst, wird sich auszahlen.

Wenn du mit der Zeit besser wirst, fange an, einige Rhythmen zu verdoppeln, indem du Achtelnoten einführst. Am besten spielst du zunächst Achtelnoten auf dem letzten Schlag des Taktes.

Beispiel 1d:

Wiederhole diese Übung, aber platziere die Achtelnoten jeweils auf einem anderen Schlag. Spiele dann schrittweise immer mehr Achtelnoten in jedem Takt, bis schließlich alle Noten Achtelnoten sind.

Die Punkte verbinden

Der nächste Schritt in deiner Entwicklung besteht darin, einen Ton, der nicht im Arpeggio vorkommt, auf Schlag 4 in jedem Takt zu spielen. Es gibt drei Möglichkeiten das zu machen.

1) Mit einer *chromatischen Durchgangsnote*: Eine chromatische Durchgangsnote (ein chromatischer Durchgang) füllt die Lücke zwischen zwei Arpeggiotönen aus unterschiedlichen Akkorden.

2) Mit einem *Skalaton*: Eine Note aus der entsprechenden Skala (Tonleiter) kann ebenfalls eine Lücke schließen. Diese Skalatöne kommen immer aus der Quellskala des Akkordes. In diesem ersten Kapitel ist die Quellskala Bb-Dur.

3) Mit *chromatischen Approach-Notes*. Approach-Notes sind fast wie chromatische Durchgangstöne. Der einzige Unterschied ist, dass du den Zielton *von oben oder unten* anspielen kannst.

Diese drei Techniken benutzen wir besonders häufig für Verzierungen im Jazz. Außerdem sorgen sie immer für reibungslose Übergänge zwischen den Tönen verschiedener Arpeggios. Es ist einfacher, das an einem musikalischen Beispiel zu sehen und zu hören.

Schau' dir also Folgendes genau an. Achte besonders auf die ersten fünf Töne.

Beispiel 1e:

C.P.N – Chromatik Passing Tone (Chromatischer Durchgang)

Scale Note - Skalaton

Auf Schlag 4 im ersten Takt habe ich einen chromatischen Durchgangston eingebaut, um die Lücke zwischen dem Cm7 und dem F7-Arpeggio zu füllen. Obwohl diese Note ein keinem der beiden Arpeggios vorkommt, überbrückt sie den Weg zwischen den Arpeggiotönen. Die Notensequenz, die auf Schlag 3 beginnt, besteht aus G, G# und A; und bildet eine chromatisch aufsteigende Melodie.

Die gleiche Technik wird noch einmal am Ende von Takt 2 eingesetzt. Dort verbinde ich die b7 des F7-Arpeggios (Eb) zur Quint des Bbmaj7-Arpeggios (D). Die Notensequenz ist Eb, E, F.

Das wird im Prinzip in Takt 4 nochmals wiederholt. Dort verbinde ich über die Note „F#", die Quint des Bbmaj7-Akkordes (F) mit der Quint des Cm7-Akkordes (G).

Immer wo ein Abstand von einem Ganzton beim Akkordwechsel besteht, kann dieser ebenso mit einer chromatischen Durchgangnote gefüllt werden.

In Takt 5 nutze ich einen *Skalaton* um die Akkorde Cm7 und F7 zu verbinden. Der Skalaton funktioniert genauso wie eine chromatische Durchgangsnote, nur, dass jetzt der Ton aus der Bb-Dur-Skala der Tonika kommt:

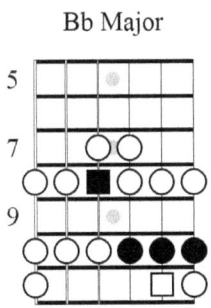

Ich habe einen Skalaton benutzt, weil der Abstand zwischen den Arpeggiotönen größer war als ein Ganzton und der Skalaton die eleganteste Möglichkeit darstellt, diese beiden Töne zu verbinden.

Und zum Schluss habe ich noch zwischen Takt 5 und 6 eine chromatische Approach-Note verwendet. Ich habe eine chromatische Approach-Note verwendet, weil der letzte Ton des F7-Akkordes (Eb) und der erste Ton des Bb-Akkordes (D) nur einen Halbton auseinander waren und es deshalb keine Lücke zu füllen gab.

Ich musste irgendetwas auf Schlag 4 spielen, das zum Bbmaj-Akkord hinführt und so habe ich die Zielnote (D) übersprungen und die Note gespielt, die einen Halbton unter der Zielnote liegt (C#). Das bedeutet, dass ich meine Zielnote sozusagen mit Halbtönen zu jeder Seite umzingeln kann.

Diese Technik wird sehr häufig angewendet und die drei Noten (Eb, C# und D) bilden zusammen eine wichtige melodische Struktur, die man „*Enclosure*" (dt. Einfassung) nennt. Stell' dir die Enclosure als Sandwich mit der Zielnote als Belag vor.

Im folgenden Beispiel zeige ich eine andere Route durch die Changes und verwende dabei alle drei Techniken, die oben beschrieben sind. Jede Technik ist in den Noten angegeben.

Beispiel 1f:

Analysiere das obere Beispiel, damit du auch wirklich verstehst, wie die einzelnen Techniken funktionieren. Wenn du dir noch irgendwie unsicher bist, lies' diesen Abschnitt nochmal ab der Überschrift „Die Punkte verbinden".

Das Konzept der *chromatischen Durchgangtöne* ist das Wichtigste und du solltest es auf jeden Fall beherrschen. Das ist das Konzept, bei dem du ein Ganzton-"Loch" zwischen Arpeggios auffüllst. Füge zunächst einen chromatischen Durchgang auf Schlag 4 des Taktes ein. Das wird die Melodielinie stärken, bevor du die Arpeggiotöne des nächsten Akkordes anspielst.

Wenn es nicht möglich ist, chromatische Durchgänge zu spielen, versuch' die Zielnote mit chromatischen Approach-Notes zu „umzingeln" (Enclosure) oder sie über einen Tonleiterschritt in der Bb-Durskala anzuspielen.

Fange mit einfachen Saitenpaaren an und finde möglichst so viele Wege, die Punkte zu verbinden, indem du chromatische Durchgangstöne auf Schlag 4 spielst.

Wenn du mehr und mehr Durchblick entwickelst, fange auch schrittweise an, drei oder vier Saiten zu Gruppen zusammenzufassen.

Zum Schluss kannst du Achtelnoten verwenden, wie du es in Beispiel 1d gemacht hast. Im folgenden Beispiel siehst du nur eine Möglichkeit Achtelnoten auf Schlag 4 in jedem Takt einzufügen.

Beispiel 1g:

Arbeite Beispiel 1g durch und sorge dafür, dass du verstehst, wie ich von einem Akkordton zum Nächsten beim Akkordwechsel navigiert habe. Denk' dran, dass es hunderte Möglichkeiten gibt, durch diese Changes zu spielen. Du hast es in der Hand, wieviel Zeit du investieren möchtest, um möglichst viele Routen zu finden. Füge allmählich immer mehr Schläge mit Achtelnoten hinzu.

Wenn du diese Konzepte übst, solltest du sehr langsam anfangen und zu einem Metronom oder einen Backing-Track spielen. Mit der Zeit wirst du dich immer besser zurechtfinden. Dann kannst du auch mit dem Backing-Track in den Audiodateien üben. Achte darauf, immer einen richtigen Arpeggioton auf der 1 im Takt zu treffen. Hab' keine Angst vor Fehlern: sie werden anfangs immer passieren und sie helfen uns dabei schneller zu lernen.

Das eigentliche Ziel ist es, Melodien und Muster zu vergessen und immer mehr Raum in dein Spiel zu bringen. Am besten spielt man kürzere Phrasen über die Taktgrenzen hinweg. Du wirst merken, dass dein Spiel dadurch sofort viel jazziger klingt.

Hier ist eine Melodie, die alle melodischen Konzepte aus diesem Kapitel verarbeitet.

Beispiel 1h:

Diese Melodie besteht ausschließlich aus Akkordtönen und chromatischen Durchgangstönen. Nur der Rhythmus hat sich verändert.

Erweiterte 3-9-Arpeggios

Am besten arbeitest du diesen Abschnitt erst durch, wenn du alle vorhergehenden Arpeggios in ihrer Grundstellung schon einige Wochen sicher spielen kannst.

Bis jetzt haben wir uns auf Arpeggios konzentriert, die jeden Akkord praktisch buchstabieren. Die Töne des Arpeggios stimmen mit dem Akkord überein und enthalten die 1, 3, 5 und 7 des jeweiligen Akkordes.

Die Einzeltöne der Arpeggios sind:

Cm7	C	Eb	G	Bb
Intervalle	1	b3	5	b7

F7	F	A	C	Eb
Intervalle	1	3	5	b7

Bbmaj7	Bb	D	F	A
Intervalle	1	3	5	7

Neue Arpeggios werden im Jazz genauso, wie in anderen Musikrichtungen, sehr häufig auf der Terz des Akkordes aufgeschichtet. Statt 1, 3, 5, 7, spielen wir 3, 5, 7, 9.

20

Das reichert Melodien mit dem reichhaltigen Klang der 9 an und man vermeidet es, den Grundton zu spielen. Du hast vielleicht mittlerweile bemerkt, dass die Melodie irgendwie „einen Punkt macht", wenn du auf dem Grundton verweilst; vor allem im Tonika-Akkord (Bbmaj7).

Wenn du den Grundton vermeidest, gibt das deinen Improvisationen einen interessanteren Klang und natürlichen Schwung.

Bilde ein 3-9-Arpeggio, indem du auf der 3 (Terz) des Akkordes anfängst und vier Noten aufschichtest.

Zum Beispiel:

Cm7 (1-b7)	C	Eb	G	Bb	
Cm7 (3-9)	C̶	Eb	G	Bb	D
Intervalle	1̶	b3	5	b7	9

Die Noten des *erweiterten* Cm7-Arpeggios sind Eb, G, Bb und D.

Wenn man dieses Verfahren für die F7- und Bbmaj7-Akkorde wiederholt, werden folgende 3-9-Arpeggios gebildet:

F7 (1-b7)	F	A	C	Eb	
F7 (3-9)	F̶	A	C	Eb	G
Intervalle	1̶	3	5	b7	9

BbMaj7 (1-7)	**Bb**	D	F	A	
BbMaj7 (3-9)	B̶b̶	D	F	A	C
Intervalle	1̶	3	5	7	9

Dir fällt vielleicht auf, dass erweiterte Arpeggios wieder ganz eigenständige neue Arpeggios bilden. Zum Beispiel bilden die Töne D, f, A und C, des erweiterten (3-9) Bbmaj7-Arpeggios, ein neues Dm7-Arpeggio. Das zu wissen kann sehr praktisch sein, aber es kann dich auch ablenken. Wenn du gerade anfängst, dich mit erweiterten Arpeggios zu beschäftigen, ist es auf jeden Fall eine Ablenkung. Mach' dir also momentan nicht zu viele Gedanken um die Theorie.

Die letzten drei erweiterten Arpeggios können auf der Gitarre folgendermaßen gespielt werden:

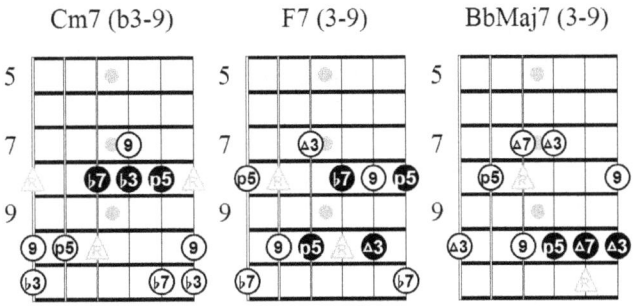

Cm7 (b3-9)   F7 (3-9)   BbMaj7 (3-9)

Die Grundtöne sind der Vollständigkeit halber grau angezeigt. Spiele sie in diesen Arpeggios nicht mit.

Übe diese Arpeggios wieder so, wie es auf Seite 13 beschrieben ist. Wenn du hier Zeit investierst, wird das die nächsten Schritte leichter und zügiger machen. Denk dran, dass du diese Arpeggios nur einmal lernen musst, um sie für den Rest deines Lebens verwenden zu können.

Wenn du diese erweiterten Arpeggios übst, solltest du den ursprünglichen Akkord im Hintergrund zu hören. Das wird dir dabei helfen, die zusätzliche 9 im Kontext der ursprünglichen Harmonie zu hören, und deine Ohren werden dadurch die 9 besser als Akkordton „akzeptieren". Wenn man sich mit Musik beschäftigt ist es ganz wesentlich, neue Dinge hören zu lernen.

Nimm' dich selber auf, wie du einen Cm7-Akkord spielst und loope ihn. Dann übe das b3-9-Arpeggio mit dem Track. Wenn du nicht die technischen Möglichkeiten dafür hast, probiere diese Apps aus, die das für dich erledigen können. Da wäre zum Beispiel SessionBand: Jazz für iOS und iReal Pro für Mac und iOS.

Bevor du das Arpeggio spielst, spiele auf jeden Fall zunächst den zugehörigen Akkord.

Wenn du ein Gefühl für den Klang von jedem Arpeggio bekommen hast, wiederhole noch einmal das gesamte Kapitel und ersetze die 3-9-Arpeggios durch die ursprünglichen Grundpositionen. Arbeite dich wieder von Saitenpaaren zu Gruppen von drei bzw. vier Saiten vor.

Die folgenden Beispiele zeigen dir einige Möglichkeiten, wie du 3-9-Arpeggios über Changes verbindest. Die sind nur für den Anfang. Wie immer ist auch hier der Schlüssel zum Erfolg, dass du auf eigene Faust so viele Möglichkeiten findest und diese im Detail erarbeitest, wie möglich.

Beispiel 1i: (Diskantsaiten)

Beispiel 1j: (Die mittleren drei Saiten)

Beispiel 1k: (Mit Approach-Notes)

Füge Achtelnoten auf Schlag 4 hinzu, wenn du dich sicherer fühlst, und erhöhe schrittweise die Frequenz, sobald du flüssiger spielen kannst. Denk' auch dran, Platz zwischen deinen Phrasen zu lassen und diese Konzepte dafür zu verwenden, Musik zu machen. Jede Übung soll dir dabei helfen, neue musikalische Ideen zu entwickeln. Wenn du diese lange Reihe von Tönen einfach unterbrichst, wird eine Musik schon viel lebendiger klingen. Denk' auch daran, dir Aufnahmen von großen Gitarristen anzuhören.

Es gibt für den F7-Akkord noch andere Arpeggio-Optionen. Wir werden weiter hinten in diesem Buch auf sie zu sprechen kommen. Wenn du dich noch mehr mit der ii-V-I-Akkordfolge in Dur beschäftigen möchtest, schau' dir mein Buch „**Fundamental Changes in Jazz Guitar**" (zur Zeit der Drucklegung nur auf Englisch erhältlich) an.

Je mehr du kannst und lernst, kann es auch spannend sein, die Ideen in jedem Kapitel auf andere Position auf dem Griffbrett zu übertragen. Die folgenden Akkord- und Arpeggio-Diagramme werden dir dabei helfen, die schon besprochenen Konzepte in neuen Lagen zu verwenden.

Du solltest die folgenden Positionen nur angehen, wenn du dir ganz sicher bist, dass du die Arpeggios in der ersten Position fließend und auswendig beherrschst. Ich kann dir auch nur empfehlen, dich mit einigen anderen Akkordfolgen in diesem Buch zu beschäftigen, bevor du zu diesem Abschnitt zurückkommst.

1-7-Arpeggios, Akkorde und Tonleitern:

3-9-Arpeggios und Akkorde:

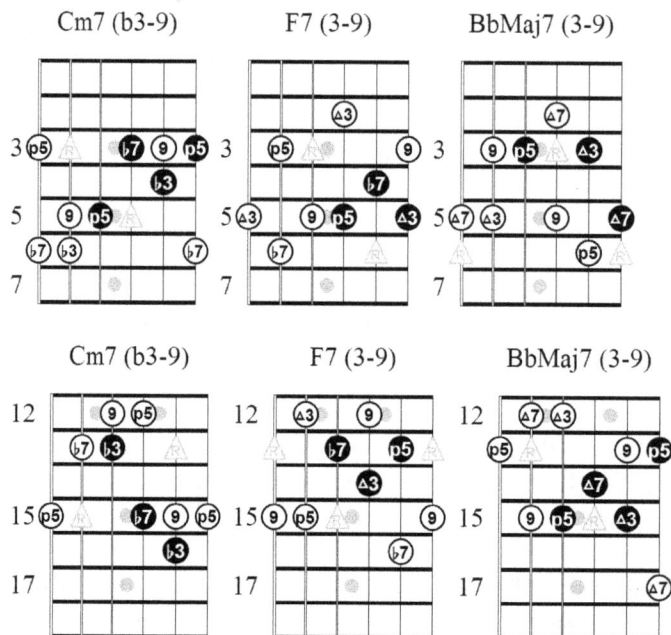

Vergiss' nicht, die zugehörigen kostenlosen Audiodateien von **www.fundamental-changes.com/download-audio/** herunter zu laden.

Auf deinem Kindle kannst du jedes Bild mit einem Doppel-Tap größer machen kannst.

Kapitel Zwei: I vi ii V7 (7b9-Substitution)

Imaj7	vim7	iim7	V7
B♭maj7	**Gm7**	**Cm7**	**F7**

Diese Akkordfolge kannst du auf Backing-Track Nr. 2 hören.

Tonales Zentrum: Bb-Dur.

Quellskala: Bb-Dur (Die Bb-Dur-Pentatonik wird häufig über alle vier Takte gespielt).

Die I-vi-ii-V-Progression kommt im Jazz extrem häufig vor und wird in vielen Jazzstandards verwendet. Die Sequenz wurde durch „I Got Rhythm" von George Gershwin berühmt und beliebt gemacht und gehört seither zu den Grundpfeilern des Jazz. Obwohl du ihr oft in ihrer Originalform, wie du sie oben siehst, begegnen wirst, kann es sein, dass die Klangqualität der einzelnen Akkorde verändert wird. Verschiedene *Klangqualitäten* sind, zum Beispiel, maj7-, m7- oder 7-Akkorde. Im Jazz hört man z.B. ziemlich häufig, dass jeder Akkord der Sequenz, als Dominantseptakkord gespielt wird.

Oft wird die I-vi-ii-V-Progression auch als „Turnaround" bezeichnet, weil man sie oft am Ende einer Akkordfolge findet und sie den Song wieder an den Anfang zurückbringt. Wenn alle Akkorde in der I-vi-ii-V-Sequenz wie oben diatonisch sind, kann man die Quellskala (in diesem Fall Bb-Dur) über die ganze Akkordfolge hinweg spielen.

Du wirst immer und immer wieder im Jazz auf die I-vi-ii-V-Progression stoßen. Hör' dir auch diese Songs an:

- I Got Rhythm
- Oleo
- Moose the Mooche
- Isn't It Romantic?
- Heart and Soul

Die grundlegenden Akkord-Voicings können so gespielt werden:

Das sind die Arpeggios, die du zum Improvisieren über diese Akkorde brauchst. Drei davon kennst du schon.

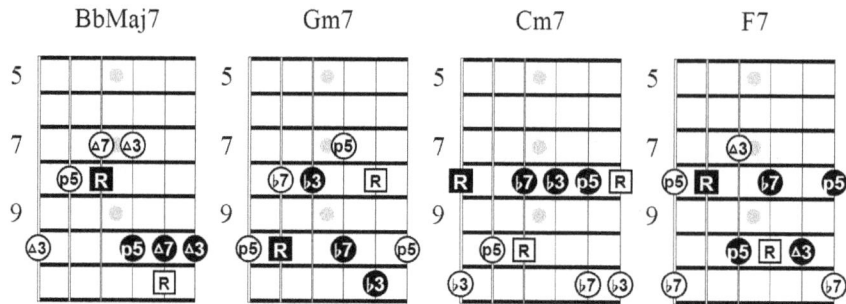

Wie du siehst bestehen drei Viertel dieser Akkordfolge aus der ii-V-I-Wendung, die wir im letzten Kapitel besprochen haben. Zusätzlich kommt nur der vi-Akkord (Gm7) hinzu.

Beschäftige dich gründlich mit dem Gm7-Arpeggio, bevor du dich mit Sequenzen über zwei, drei und schließlich über vier Saiten über diese Akkord-Changes beschäftigst. Beim Durcharbeiten der folgenden Beispiele wird dir auffallen, dass die Arpeggios von Gm7 und Bbmaj7 viele Töne gemeinsam haben. Versuche gezielt den Ton anzuspielen, der sich beim Akkordwechsel verändert.

Für den Anfang gibt's einige Ideen.

Beispiel 2a:

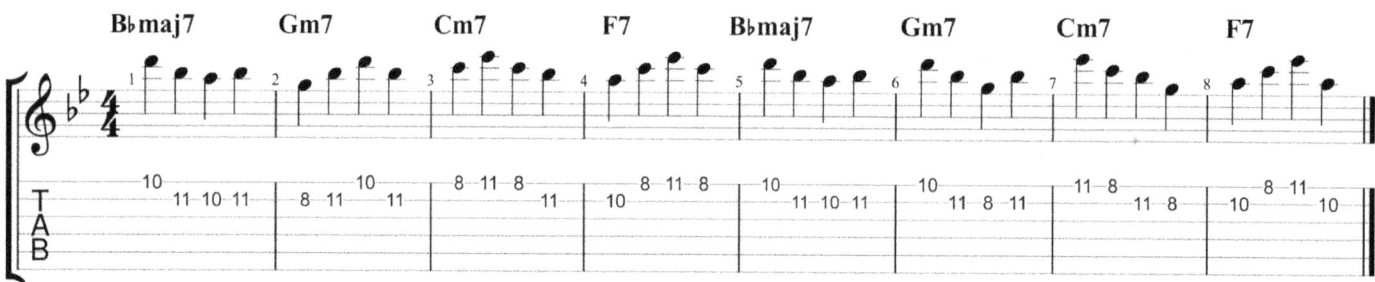

Untersuche jedes Saitenpaar ganz genau, bevor du zu Gruppen aus drei Saiten weitergehst.

Beispiel 2b:

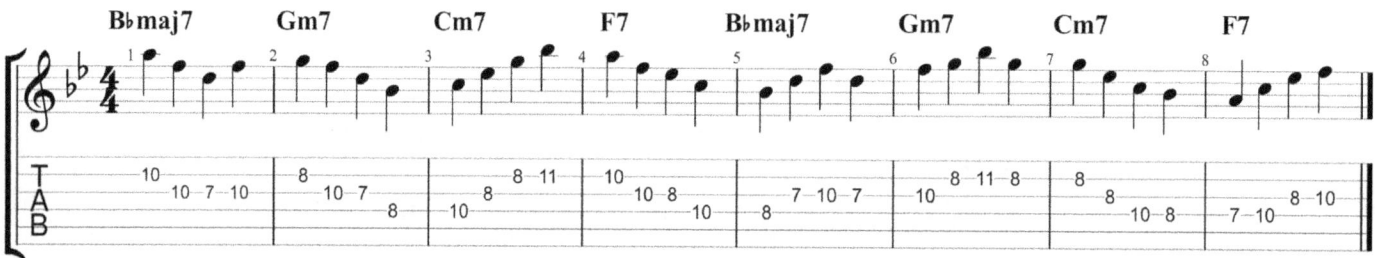

Untersuche jede Gruppe aus drei Saiten ganz genau, bevor du zu Gruppen aus vier Saiten weitergehst.

Beispiel 2c:

Untersuche jede Gruppe aus vier Saiten ganz genau, bevor du zu Gruppen aus fünf und schließlich zu sechs Saiten weitergehst.

Führe dann, wenn du langsam sicherer wirst, Achtelnoten in dein Spiel mit ein, wie du es auf Seite 17 gelernt hast. Spiele zunächst auf Schlag 4 Achtelnoten, bevor du ihre Position im Takt verschiebst und schrittweise ihre Frequenz erhöhst.

Sobald du durch diese Changes mit Arpeggios sicher navigieren kannst, baue einige chromatische Ideen aus dem letzten Kapitel mit ein. Die drei chromatischen Techniken waren:

- Fülle eine Ganzton-Lücke mit einer chromatischen Durchgangsnote zwischen Arpeggios
- Fülle eine größere Lücke zwischen Arpeggios mit einem Tonleiterton.
- Nimm' den Akkordton mit einem Approach-Notes-Muster in die Mitte (Enclosure), wenn das neue Arpeggio auf Schlag 3 nur einen Halbton entfernt ist.

In den folgenden Beispielen werden verschiedene Möglichkeiten gezeigt, wie man diese Ideen miteinander kombinieren kann. Du solltest dich aber jeweils auf nur eine Technik konzentrieren.

Beispiel 2d: (Chromatik auf Schlag 4)

Beispiel 2e: (Achtelnote auf Schlag 4)

Beispiel 2f: (Aus Rhythmus-Bausteinen und Approach-Notes wird eine Melodie gebildet)

Erweiterte 3-9-Arpeggios

Erweiterte 3-9-Arpeggios werden standardmäßig über die I-vi-ii-V-Progression gespielt.

Hier ist das 3-9-Arpeggio für Gm7.

Gm7 (1-b7)	G	Bb	D	F	
Gm7 (b3-9)	G	Bb	D	F	A
Intervalle	1	b3	5	b7	9

Das wir hier in Kombination mit anderen 3-9-Arpeggios in dieser Sequenz gezeigt:

BbMaj7 (3-9)   Gm7 (b3-9)   Cm7 (b3-9)   F7 (3-9)

Arbeite genau wie in Kapitel 1 die Akkordfolge und ersetze alle ursprünglichen Arpeggios durch erweiterte 3-9-Arpeggios.

Dir wird bald auffallen, dass das erweiterte b3-9-Arpeggio von Gm7 die gleichen Noten enthält, wie das Bbmaj7-Arpeggio. Wenn man als Solist beim Akkordwechsel gezielt Töne anspielen möchte, dich sich im neuen Akkord verändern, stellen so große Gemeinsamkeiten ein Problem dar. In vielen Songs wird der vi(m7)-Akkord (Gm7) oft zu einem VI(7)-Akkord (G7) verändert.

Der G7-Akkord enthält die Note B (s. auch den Abschnitt „Zur Übersetzung" ganz am Anfang). Das wäre also ein guter Ton, den man gezielt anspielen könnte, um sich vom Ton Bb im Bbmaj7-Akkord aus wegzubewegen. Diese Alteration wird häufig verwendet und wir werden uns im nächsten Kapitel genauer damit beschäftigen.

Wenn du 3-9-Arpeggios über die Changes üben willst, fange wieder mit zwei Saiten an und arbeite dich schrittweise über alle Saitenpaaren vor, bevor du dich Dreier- und Vierergruppen von Saiten widmest.

Das folgende Beispiel zeigt dir, wie du in dieses Thema einsteigen kannst.

Beispiel 2g:

Übe diese Arpeggios ausgiebig, und füge dann Schritt für Schritt die Approach-Notes und Rhythmus-Patterns, die wir schon besprochen haben, mit ein.

Die (Verminderte)7b9-Substitution

Jazzsolisten verwenden viele verschiedene Arpeggios, die *nicht diatonisch* sind, um ihre Improvisationen interessanter und spannungsvoller zu machen.

Eine nicht-diatonische Substitution ist eine, in der das Substitutionsarpeggio eine Note von *außerhalb* des tonalen Zentrums bzw. der Quellskala des Akkordes enthält. Nicht-diatonische Substitutionen werden am meisten in *funktionalen* (das heißt sich auflösenden) Dominantakkorden verwendet. Im letzten Beispiel wird die funktionelle Dominante F7 zu Bbmaj7, der Tonika, aufgelöst.

F7 wird als Punkt harmonischer Spannung betrachtet. Diese Spannung wird gelöst, wenn sich der Akkord nach Bbmaj7 auflöst.

Nachdem die Dominante (F7) schon ein spannungsreicher Moment in der Progression ist, denken sich Jazzmusiker, dass sie *soviel* Spannung an dieser Stelle ins Solo bringen können, wie sie wollen. Das einzige, was dabei wichtig ist, ist dass sich die melodische Spannung ebenfalls löst, wenn der Akkord sich im nächsten Takt zur Tonika hin auflöst.[1]

Am häufigsten wird ein funktionaler Dominantseptakkord *durch ein Arpeggio gebildet aus der verminderten VII. Stufe substituiert, das auf der Terz der Dominante beginnt.*

Schauen wir uns an, welche Töne im verminderten Septimarpeggio, von der Terz des F7 (A) aus, wir gezielt anspielen.

F7 (1-b7)	F	A	C	Eb	
Adim7		A	C	Eb	Gb
Intervalle	1	3	5	b7	b9

Wie du siehst, sind die Töne eines Adim7-Arpeggios, das über einen F7 gespielt wird, fast identisch mit dem 3-9-Arpeggio, das wir vorher untersucht haben. Aber es gibt einen sehr wichtigen Unterschied: der Grundton (F) wurde weggelassen und durch ein *b9*-Intervall (Gb) ersetzt.

Das kann man gut sehen, indem man die folgenden Diagramme vergleicht:

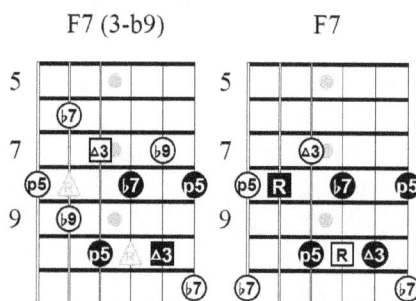

---

[1] Das ist eine starke Vereinfachung, aber im Allgemeinen gilt das so.

Im ersten Diagramm wird der Grundton des Akkordes (F) als Dreieck und der Grundton des Adim7 als Quadrat dargestellt. Siehst du, dass der Grundton von F7 weggelassen und einen Halbton nach oben „verschoben" wurde? Das ist der einzige Unterschied.

Diese Substitution wird im Jazz am häufigsten anstelle einer Dominante verwendet.

Das Adim7-Arpeggio enthält alle wichtigen Töne des F7-Akkorde und zusätzlich noch eine b9. Es entsteht also klanglich ein F7b9.[2]

In folgenden Beispiel werden auf jedem Akkord 1-7-Arpeggios verwendet. Nur auf dem F7-Akkord verwenden wir ein Adim7-Arpeggio um klanglich einen F7b9 zu erzeugen.

Du musst nur daran denken, den Grundton des F7-Arpeggios um einen Halbton zu erhöhen.

Beispiel 2h:

Behandle die b9 wie einen ganz normalen Akkordton.

Hier ist ein weiteres Beispiel, das chromatische Approach-Notes verwendet.

Beispiel 2i:

Dieses letzte Beispiel bringt noch ein paar Achtel-Rhythmen ins Spiel.

---

[2] Der Grundton ist nicht so wichtig, weil er normalerweise in einer Band von einem anderen Instrument übernommen wird.

Beispiel 2j:

Probiere die letzten drei Ideen auch mit Backing-Track Nr. 2 aus. Hörst du, wie die b9 Farbe und Spannung in die Dominante bringt? Normalerweise wird das Gb im F7b9-Akkord zum F aus dem Bbmaj7-Akkord aufgelöst.

Beschäftige dich ein paar Tage damit, diesen 7b9-Klang zu erforschen. Wenn du das fließen kannst, füge erweiterte 3-9-Arpeggios auf den anderen Akkorden ein und kombiniere diese mit dem 7b9-Arpeggio auf dem F7.

Du solltest die folgenden Positionen nur angehen, wenn du dir ganz sicher bist, dass du die Arpeggios in der ersten Position fließend und auswendig beherrschst. Ich kann dir nur empfehlen, dich mit einigen anderen Akkordfolgen in diesem Buch zu beschäftigen, bevor du zu diesem Abschnitt zurückkommst.

Mit der Zeit wirst du immer besser werden. Und dann kann es auch spannend sein, die Ideen aus jedem Kapitel auf andere Positionen auf dem Griffbrett zu übertragen. Die folgenden Akkord- und Arpeggio-Diagramme werden dir dabei helfen, die schon besprochenen Konzepte in neuen Lagen zu verwenden.

1-7-Arpeggios, Akkorde und Tonleitern:

BbMaj7　　　Gm7　　　Cm7　　　F7　　　BbMaj7

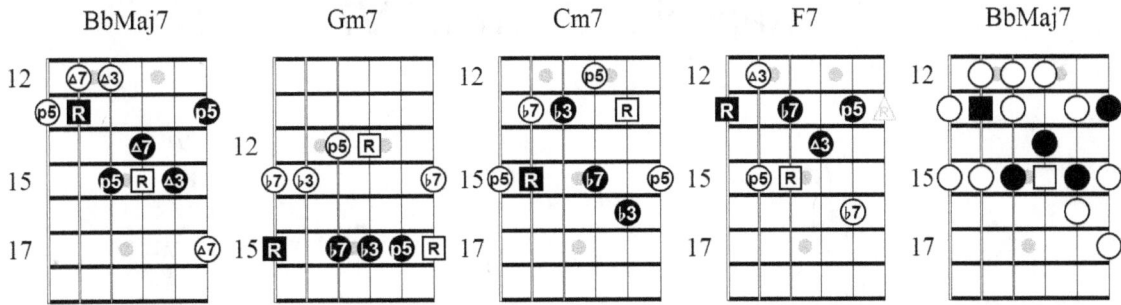

3-9-Arpeggios und Akkorde:

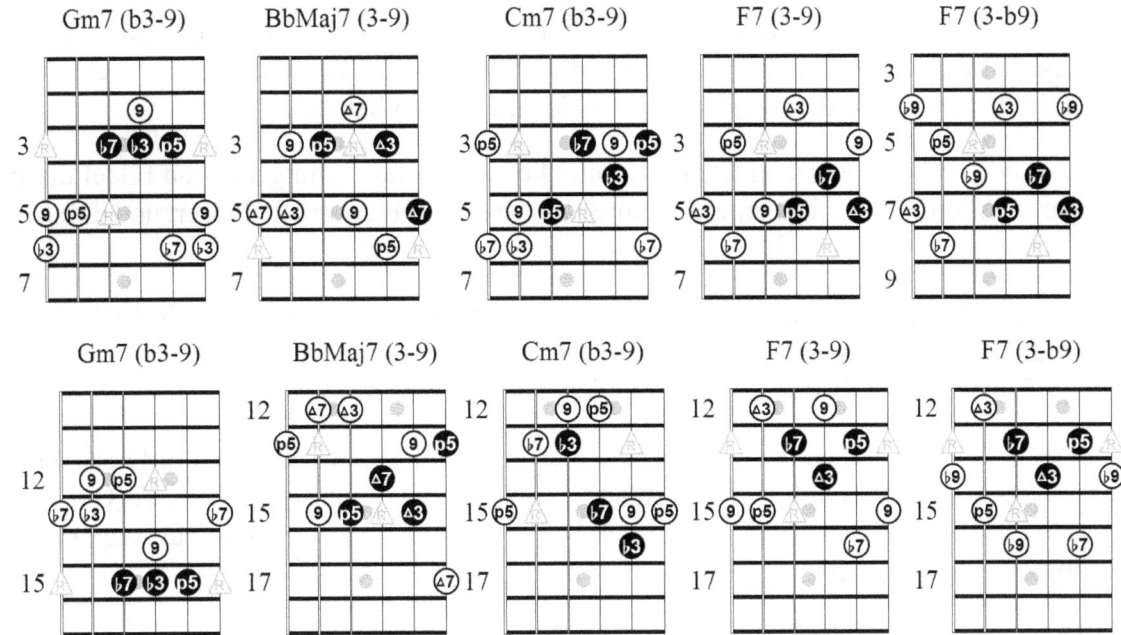

Gm7 (b3-9)　　BbMaj7 (3-9)　　Cm7 (b3-9)　　F7 (3-9)　　F7 (3-b9)

Gm7 (b3-9)　　BbMaj7 (3-9)　　Cm7 (b3-9)　　F7 (3-9)　　F7 (3-b9)

Kapitel 3: I7 VI7 II7 V7

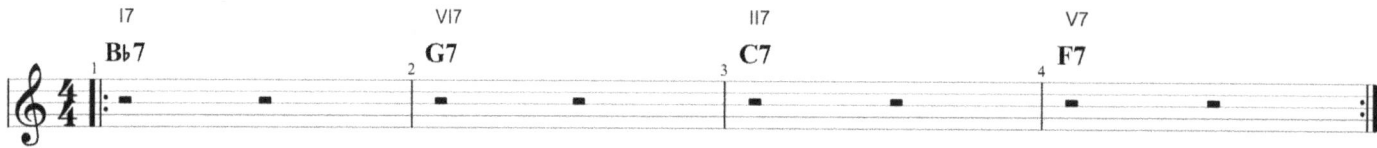

Diese Akkordfolge kannst du auf Backing-Track Nr. 3 hören.

Tonales Zentrum: Abgeleitet von den Akkorden in Bb-Dur. Die Klangqualität von jedem Akkord wird so verändert, dass ein Dominantseptakkord entsteht.

Quellskala: Wenn man sich dieser Akkordfolge mit einer Skala erschließen möchte, wäre es am einfachsten über jedem Akkord Mixolydisch zu spielen; also Bb-Mixolydisch, G7-Mixolydisch, C-Mixolydisch und F-Mixolydisch. In der Praxis werden aber viele verschiedene Skalen benutzt.

Die *diatonische* I-vi-ii-V-Folge aus dem letzten Kapitel kommt im Jazz häufig vor und bildet die Basis vieler beliebter Standards. Allerdings werden einige Akkorde in dieser Progression oft alteriert und ihre *Klangqualität* verändert.

Der Akkordtyp wird von allen Tönen außer dem Grundton bestimmt und ist maßgeblich für die Stimmung und die Farbe des Akkordes. Er bestimmt auch, wie dieser konstruiert wird. Der Typ eines Akkordes könnte zum Beispiel maj7, m7, m7b5, 7, 7b9 oder etwas Ähnliches, wie 13#9, sein.

Im Jazz kann jeder Akkord seinen Typ verändern und am häufigsten werden Akkorde so verändert, dass einige Akkorde Dominantseptakkorde werden. In der I-vi-ii-V-Progression wird oft die vi (Gm7 in der obigen Akkordfolge) als Dominantseptakkord (G7) gespielt. Sogar die I wird oft zum Dominantseptakkord, was dem Ganzen einen bluesigen Klang gibt.

Weniger häufig sieht man die ii (Cm7) als Dominantseptvoicing, aber sie wird trotzdem in diesem Kapitel zum Üben vorgestellt.

Abgesehen davon, dass die vi (G7) zum Dominantseptakkord alteriert wird, kommt sie auch häufig als G7b9-Akkord vor. Das ist die perfekte Gelegenheit, die „verminderte" 7b9-Substitution aus dem letzten Kapitel anzuwenden.

Rhythmus-Changes, die zur Gänze aus dominantischen Akkorden bestehen, können mit den folgenden grundlegenden Akkord-Voicings gespielt werden:

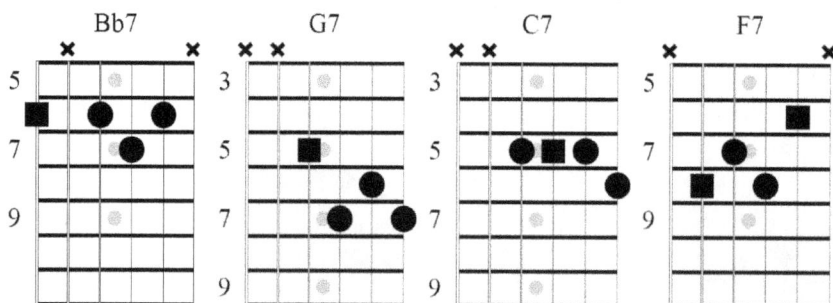

Hier sind die Arpeggios, die du zum Improvisieren über diese Akkorde in der ersten Position brauchen wirst. Alle sind Dominantseptarpeggios. Allerdings sind die Formen neu. Wenn du dieses Kapitel durchgearbeitet hast, wirst du jede der fünf verschiedenen Formen von Dominantseptarpeggios beherrschen, die auf der Gitarre häufig verwendet werden. Dadurch wirst du dein Griffbrett viel besser beherrschen.

Die Terz des G7 (B) kann an zwei verschiedenen Stellen gespielt werden (sie sind mit Rauten gekennzeichnet). Wähle die einfachste für dich.

Erkunde wie immer die Routen zwischen diesen Arpeggios auf kleinen Saitengruppen.

Beispiel 3a: (Zwei Saiten)

Untersuche jedes Saitenpaar ganz genau, bevor du zu Gruppen aus drei Saiten weitergehst.

Beispiel 3b: (Drei Saiten)

Beispiel 3c: (Vier Saiten mit rhythmischen Variationen)

Versuche ein paar chromatische Approach-Notes mit einzubauen, damit die Melodie etwas variiert.

Beispiel 3d:

Beispiel 3e:

Wenn du alle melodischen Möglichkeiten dieser Arpeggios auf zwei, drei oder vier Saiten ausgeschöpft hast, und so viele chromatischen Durchgangstöne, wie möglich, angefügt hast, gehe zu den 3-9-Arpeggios für jeden Akkord weiter.

3-9-Arpeggios

Die folgenden Beispiele verwenden 3-9 Voicings auf jedem Akkord. Ich würde dir aber empfehlen einen Akkord zu isolieren und nur für diesen ein 3-9-Arpeggio zu spielen, während du es bei den anderen Dreien bei 1-7-Arpeggios belässt. Spiele, zum Beispiel Bb7 3-9 und die anderen drei Akkorde als 1-7-Arpeggios. Wenn du so arbeitest, wirst du den Klang des 3-9-Arpeggios über jedem Akkord isolieren und dein musikalisches Gehör und dein Feeling entwickeln.

Ich würde dir außerdem empfehlen, dass du anfangs nur auf den Bb7- und den C7-Akkorden 3-9-Arpeggios verwendest, weil die G7- und F7-Akkorde oft mit alterierten (# oder b) 9ern gespielt werden. Das werden wir später noch genauer betrachten.

Fange beim Üben immer mit Saitenpaaren an und verschiebe dann jede Gruppierung auf der Gitarre, bevor du Arpeggiogruppierungen aus drei und vier Saiten angehst. Das mag dir so vorkommen, als wäre es mehr Arbeit. Aber du wirst die Routen zwischen den Arpeggios gründlicher lernen und dadurch insgesamt weniger Zeit darauf verwenden.

Die folgenden Beispiele werden sich ohne zusätzlichen Kontext komisch anhören. Deine Ohren müssen erst lernen die Harmonie ohne Backing-Track zu „hören". Übe diese Beispiele sehr langsam mit Backing-Track Nr. 3, so dass du jede 9-Erweiterung im Kontext hören kannst.

Dir wird nicht sofort jeder Klang zusagen. Lass dir also mit diesen Übungen etwas Zeit. Wenn dir in ein paar Wochen bestimmte Erweiterungen über einen bestimmten Akkord immer noch nicht gefallen, gibt es jede Menge Alternativen!

Beispiel 3f: (Zwei Saiten)

Beispiel 3g: (Drei Saiten)

Beispiel 3h: (Vier Saiten)

Beschäftige dich so gründlich wie möglich mit diesen Konzepten auf kleinen Saitengruppen. Nach einiger Zeig darfst du Klänge verwerfen, die dir nicht gefallen. Vergiss nicht, chromatische Approach-Notes zu verwenden, um jeden Akkordwechsel zu betonen.

7b9-Substitutionen

Wie oben bereits erwähnt, kommt die verminderte 3-b9-Substitution auf F7 und G7 recht häufig vor.

Ein funktionaler dominantischer Akkord löst sich zu einem Akkord auf der Quint unter dem Dominantakkord auf. Beispielsweise löst sich in einer funktionalen Dominantbewegung G7 zu C7, C7 zu F7 und F7 zu Bb7 auf. Die Bewegung von Bb7 zu G7 ist nicht funktional dominantisch, weil diese zwei Akkorde den Abstand einer Sext haben.

Deswegen würden die meisten Spieler keine 7b9-Substitution auf der Bb7 benutzen, weil diese sich zu G7 bewegt. Aber die 7b9-Substitution ist sehr praktisch auf dem G7 oder dem F7.

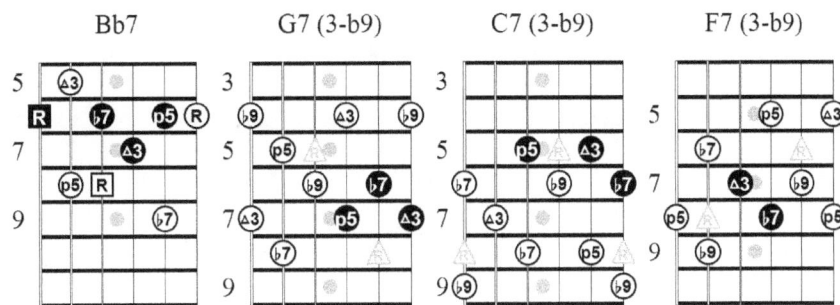

Wir haben ja schon gemerkt, das wir für die ii als Dominantseptakkord erst ein wenig Geschmack entwickeln müssen. Aber das ermöglicht uns die 7b9-Substitution auf der ii zu verwenden, die normalerweise Moll wäre.

Ich möchte dir nochmal empfehlen, dass du zunächst nur eine 7b9-Substitution pro Durchlauf verwendest. Fange einfach mal bei der G7b9-Substitution an und spiele 1-7-Arpeggios über die anderen Akkorde. Es gibt davon viele Permutationen. Gehe also beim Üben organisiert vor.

In den folgenden Beispielen kannst du 1-7, 3-9 und 3-b9-Arpeggios kombinieren, aber beginne auf jeden Fall dem Substituieren von nur einem Akkord.

Beispiel 3i:

Beispiel 3j:

Beispiel 3k:

Die Beschäftigung mit diesen Arpeggios wird dir sehr viel bringen. Es kann einige Wochen dauern; aber wenn du diese Klänge verinnerlicht hast, wird sich das ungemein lohnen. I-VI-II-V-Changes werden oft über andere statischere Akkordfolgen gelegt und man kann mit ihnen recht einfach einen „harmonisch gewagten" Sound über einer einfachen Harmonie bekommen.

Die harmonische Bewegung C7 nach F7, genau wie Bb7 nach G7 kommt im Jazz sehr häufig vor. Wenn du dich mit diesen Changes gründlich beschäftigst, bist du auf eine Vielzahl musikalischer Situationen gut vorbereitet. Vergiss' nicht, viel Platz zwischen deinen Phrasen zu lassen und denk' dran, dass dein Ziel ist, gut entwickelte Melodielinien zu spielen.

Du solltest einen Teil deiner Übezeit immer dafür reservieren, einfach deine Gitarre zu spielen und mit diesen ganzen Konzepten Musik zu machen. Vergiss' konstante Rhythmen und versuche eine eindringliche Melodie mit den richtigen Akkordtönen zu spielen.

Die folgenden Melodiebeispiele zeigen dir, wie du in dieses Thema einsteigen kannst.

Beispiel 3l:

Beispiel 3m:

Andere Akkordtypen in I-VI-II-V-Progressionen

Die Beispiele in diesem Kapitel haben sich bis jetzt alle auf einer Akkordfolge aufgebaut, die nur Dominantseptvoicings enthält. Aber in realen Spielsituationen wirst du sehr oft Kombinationen verschiedener Ideen aus diesem Kapitel und Kapitel 2 vorfinden.

So wird die Akkordfolge wahrscheinlich am häufigsten gespielt:

Die maj7-Tonika und die Dominantseptakkorde auf der VI und der V erzeugen viele elegante Bewegungsmöglichkeiten zwischen den Akkordtönen der Arpeggios (Stimmführung).

Diese Sequenz sollte die nächste Stufe in deiner Übepraxis darstellen. Übertrage alle Konzepte aus den letzten drei Kapiteln auf diese neue Akkordfolge.

Die Arpeggios für dieses Kapitel können auch in dieser Position auf der Gitarre gespielt werden.

1-7-Arpeggios und Akkorde

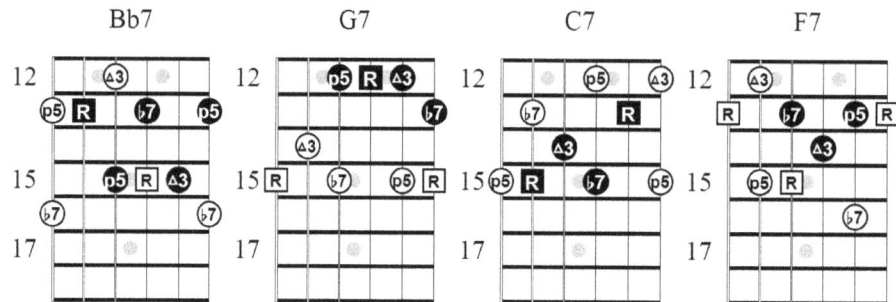

3-9-Arpeggios

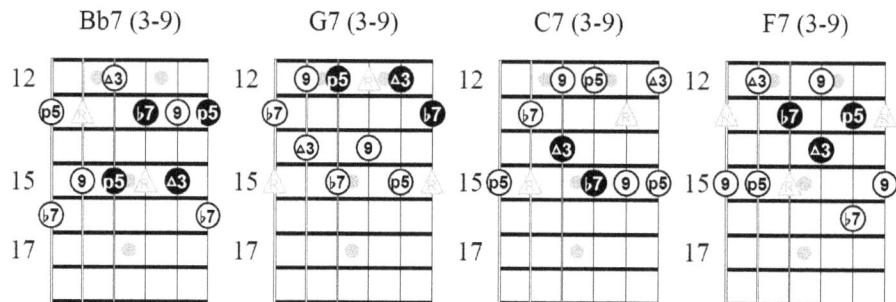

3-b9-Arpeggios

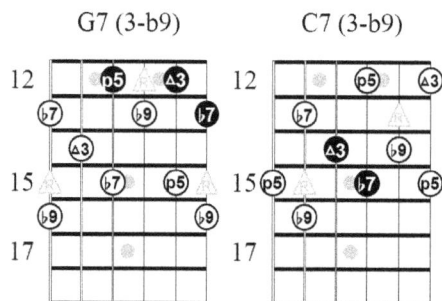

Kapitel 4: I (ii V7 I) i

Diese Akkordfolge kannst du auf Backing-Track Nr. 4 hören.

Tonales Zentrum: Bb-Dur, bewegt sich zu Eb-Dur (Dann möglicherweise zu Db-Dur in Takt 4).

Die Akkordsequenz in diesem Kapitel kombiniert zwei grundlegende Progressionen in eine Übung. Die ersten drei Takte können als Beispiel für das Verändern einer Tonart (Modulation) von Bb- nach Eb-Dur gesehen werden; oder einfach als verzierte Akkordbewegung von der I zur IV. Wenn du schon einmal Blues gespielt hast, wirst du wissen, wie wichtig die I-IV-Akkordfolge ist. Aber im Blues werden die Akkorde I und IV normalerweise als Dominantseptakkorde gespielt. Diese Sequenz schauen wir uns in Kapitel 7 an.

Im Beispiel oben werden die Akkorde I und IV (Bb und Eb) beide als maj7-Akkorde gespielt (das ist in Bb-Dur diatonisch „korrekt"). In Takt 2 gibt es allerdings eine Modulation, die man an den beiden tonartfremden Akkorden erkennen kann.

In der Tonart Bb-Dur würden wir erwarten, dass die V (F) als Dominantseptakkord gespielt wird. Aber hier finden wir einen m7-Akkord vor. Darauf folgt der Akkord Bb7, der sich zu Ebmaj7 auflöst. Wenn du die Takte 2 und 3 isoliert betrachtest, kannst du sehen, dass der Fm7-Akkord die ii aus Eb-Dur und der Bb7-Akkord die V aus Eb-Dur sind.

Die ersten beiden Takte dieser Akkordfolge enthalten zwei „Bb"-Akkorde. Der erste Bb wird als maj7-Akkord gespielt, während der zweite Bb ein *Dominantseptakkord* ist. Wenn man zwei Akkorde unterschiedlichen Typs mit dem gleichen Grundton sieht, ist das ein eindeutiges Zeichen, dass der Song kurzzeitig die Tonart wechselt. Die Tonika (I) (Bbmaj7) wird zur V7 (Bb7) in der neuen Tonart Eb-Dur.

Es kann beim Improvisieren eine große Herausforderung darstellen, sowohl das Bbmaj7-, als auch das Bb7-Arpeggio in diesen beiden Takten zu verwenden. Das hier ist also ein wichtiges Thema, mit dem du dich beim Üben beschäftigen solltest. Diese Art der Modulation, in der die ursprüngliche Tonika zur Dominante, und damit zum „Vermittler" zwischen den Tonarten wird, kommt sowohl im Jazz, als auch in Popmusik sehr oft vor. Du findest diese Situation in:

- Satin Doll
- Cherokee
- Joy Spring
- Have You Met Miss Jones?
- There Will Never Be Another You

In Takt 4 wird die neue Tonika (Ebmaj7) zu Ebm7. Diese harmonische Wendung kommt im Jazz auch wieder sehr häufig vor. Wenn diese Sequenz weitergehen würde, würde der Ebm7 wahrscheinlich die neue ii in einer ii-V-I-Wendung in Dur werden und in die Tonart Db-Dur führen (Ebm7 - Ab7 - Dbmaj7).

Um an dieser Art von Dur-Moll-Bewegung zu arbeiten, bietet sich Solar von Miles Davis an. Es ist ein fantastisches Beispiel für dieses Phänomen. Andere Beispiel sind auch noch:

- Moose the Mooche
- All of Me
- All the Things You Are
- There Will Never Be Another You

Die Akkorde für diese Sequenz können folgendermaßen gespielt werden:

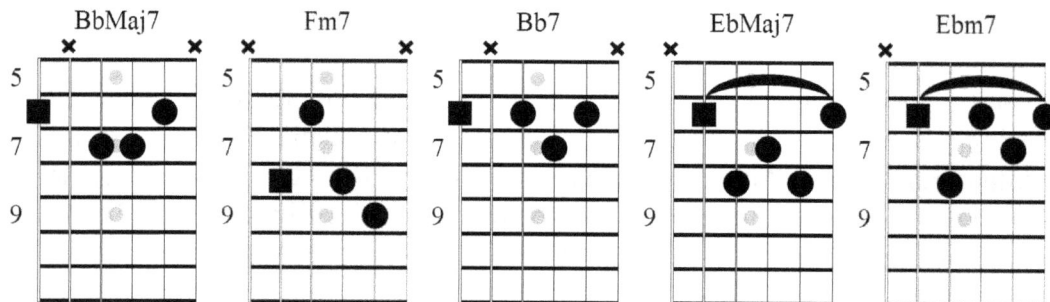

BbMaj7 — Fm7 — Bb7 — EbMaj7 — Ebm7

Die 1-7-Arpeggios für diese Akkorde werden so gespielt:

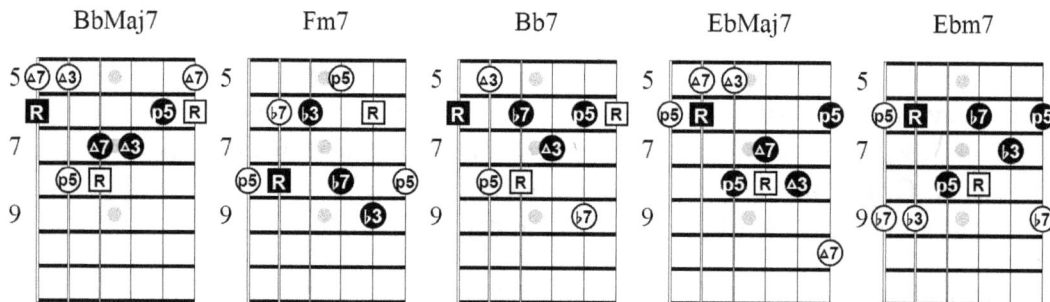

BbMaj7 — Fm7 — Bb7 — EbMaj7 — Ebm7

Eine weitere Herausforderung in dieser Akkordfolge sind die beiden Akkorde in nur einem Takt.

Oft wird die ii (Fm7) beim Improvisieren einfach ignoriert; vor allem in schnellem Tempo. Man konzentriert sich dann darauf, Skalen und Arpeggios zu verwenden, die um die Dominante (Bb7) konstruiert sind. Aber abgesehen davon, hat jeder, der gut improvisiert einige Zeit geübt, wie man sowohl die ii, als auch die V im gleichen Takt artikuliert. Wenn die ii dann ignoriert wird, ist das immer eine bewusste Entscheidung.

Lerne die Arpeggios mit der Methode, die in Kapitel 1 beschrieben wird. Beschäftige dich dann wieder mit jeder Variation aus zwei, drei und vier Saiten, sobald du dich bereit dazu fühlst. Isoliere Takt 2 und übe ihn separat, wegen der schnellen Changes.

Beispiel 4a: (Zwei Saiten)

Wahrscheinlich wirst du sofort hören, dass das Bb7-Arpeggio über dem Bb7-Akkord in Takt 2 den Unterschied zwischen Bbmaj7 und Bb7 nicht wirklich gut herausarbeitet. Das liegt daran, dass sich Bb7 und Bbmaj7 nur in einem Ton unterscheiden.

Idealerweise würden wir an dieser Stelle diesen wichtigen Tonartwechseln in unserem Solo deutlich zu machen. Ich schlage also vor, dass wir sofort die 3-b9-Substitution von Bb7 über dem Bb7-Akkord verwenden.

Die folgenden Beispiele verwenden ein Ddim7-Apreggio über jedem Bb7-Akkord und erzeugen damit einen spannungsvollen Bb7b9.

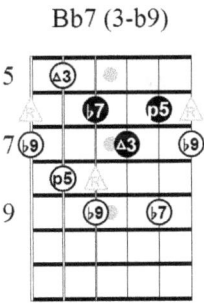

Bb7 (3-b9)

Beispiel 4b: (Drei Saiten)

Beispiel 4c: (Vier Saiten mit Achtelnoten)

Wenn du langsam die Changes besser beherrschst, übe, Akkordtöne gezielt über chromatische Approach-Notes anzuspielen.

Beispiel 4d:

Beispiel 4e:

Erweiterte 3-9-Arpeggios

Wenn wir erweiterte 3-9-Arpeggios über dieser Progression verwenden, werden die einzelnen Stimmen interessant geführt (gute *Stimmführung*).

Ein erweitertes 3-9-Arpeggio wird als neues Arpeggio auf der Terz des ursprünglichen Akkordes aufgebaut. Dadurch wird der Grundton des ursprünglichen Akkordes weggelassen und durch die 9 ersetzt.

Die folgenden Beispiele kombinieren wahllos alle 3-9-Arpeggios. Ich möchte dir aber stark dazu raten, jeweils nur ein 3-9-Arpeggio in dein Übeprogramm aufzunehmen. Die Substitutionen kommen im Jazz immer und immer wieder vor. Wenn du nur eine dieser Substitutionen beherrschst, eröffnet dir das eine große Bandbreite an Möglichkeiten, die du in deine Improvisationen einbauen kannst.

Mach' langsam, sei aufmerksam und geh' methodisch vor. Tausche zunächst nur einen Akkord durch eine erweiterte 3-9-Substitution aus. Wenn du sicherer wirst, kannst du zwei oder mehr Substitutionen verwenden. Dir wird sich schnell eine ganz neue Welt melodischer Möglichkeiten eröffnen.

Beispiel 4f: (Viertelnoten)

Beispiel 4g: (Zusätzliche Achtelnoten)

Beispiel 4h: (Zusätzliche Chromatik)

Und zum Schluss: lass' zwischen deinen Phrasen Platz und überlege dir *wann* du die Töne deiner Melodie phrasieren möchtest.

Beispiel 4i:

Beispiel 4j:

In Kapitel 15 findest du viele zusätzliche Übungen, die dir helfen, alle Changes in diesem Buch zu meistern.

Wenn du die Akkordfolgen sehr sicher in dieser Position auf dem Griffbrett spielen kannst, versuche sie mit den folgenden Diagrammen auf einen neuen Bereich des Griffbretts zu übertragen.

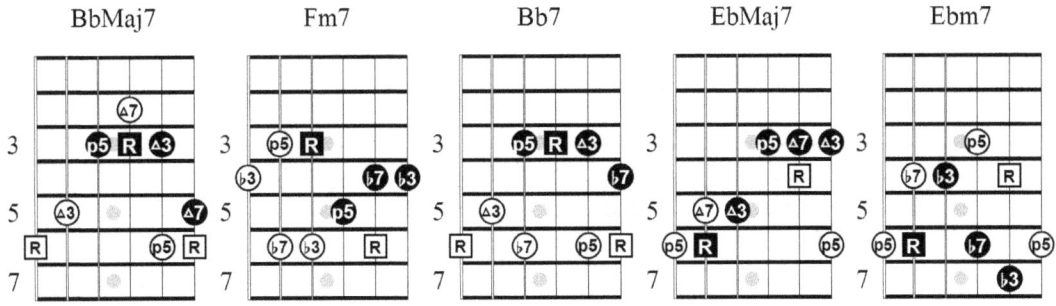

Kapitel 5: I (i V I)

Imaj7	iim7 (im7)	V7	Imaj7
B♭maj7	**B♭m7**	**E♭7**	**A♭maj7**

Diese Akkordfolge kannst du auf Backing-Track Nr. 5 hören.

Tonales Zentrum: Ab-Dur in den letzten drei Takten.

Quellskala: Takt 1: Bb-Dur-7 Takt 2 bis 4: Abmaj7.

Diese Akkordfolge ist der Progression aus dem letzten Kapitel sehr ähnlich. Ein maj7-Akkord (Bbmaj7) wird zu einem m7-Akkord (Bbm7), der jetzt der erste Akkord in einer ii-V-I-Wendung in Dur in einer neuen Tonart ist. In Kapitel 4 wurde die IV zum Mollakkord alteriert. In diesem Kapitel ist es die Tonika (I), die „vermollt" wird.

Diese Art von Akkordbewegung kommt im Jazz extrem häufig vor und ist eine elegante Art, in eine neue Tonart zu modulieren.

Die Bewegung von Dur zu Moll kommt in folgenden Jazzstücken vor:

- How High the Moon
- Tune Up
- Cherokee
- One Note Samba
- Solar

Wir haben uns die letzten drei Takte dieser Akkordfolge schon in Kapitel 1 angesehen (wenn auch in Bb-Dur). Deshalb nutzen wir jetzt die Gelegenheit, uns mit einer neuen alterierten Substitution auf der Dominante (Eb7) zu beschäftigen.

Benutze für den Anfang folgenden Akkordformen, um die Progression durchzuspielen:

BbMaj7   Bbm7   Eb7   AbMaj7

Mit den folgenden 1-7-Arpeggios kannst du über die Akkordsequenz in dieser Position improvisieren. Übe sie gründlich und gut mit den Methoden aus Kapitel 1. Du hast diese Akkordpositionen schon in Kapitel 1 und 2 benutzt und solltest sie mittlerweile ganz gut kennen.

Verwende deshalb vor allem Zeit darauf den Wechsel zwischen Bbmaj7 und Bbm7 zu üben.

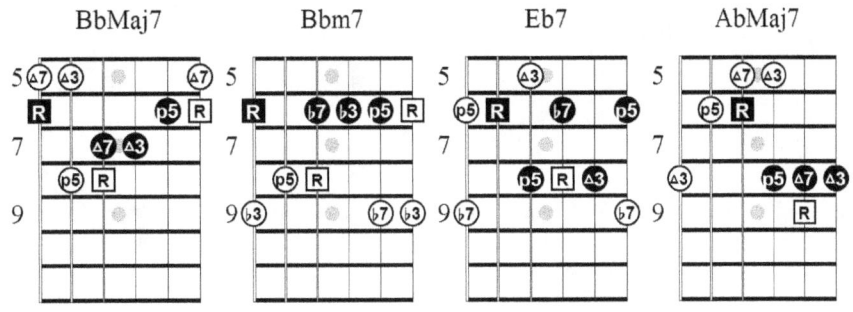

Lerne die Stimmführungslinien zunächst wieder auf Saitengruppierungen aus wenig Saiten. Aber weil du diese Position schon geübt hast, und der Bbm7 der einzige neue Akkord ist, wird es dir wahrscheinlich leichter fallen mit mehr Saiten zu beginnen.

Versuche diese Beispiele so bald wie möglich mit Backing-Track Nr. 5 zu spielen, damit du hörst, wie sie im harmonischen Kontext funktionieren.

Beispiel 5a: (Vier Saiten)

Beispiel 5b: (Vier Saiten mit Chromatik)

Beispiel 5c: (Vier Saiten mit Chromatik)

Konzentriere dich darauf, möglichst viele Wege zwischen Bbmaj7 und Bbm7 zu finden. Das wird dir das Üben sehr erleichtern. Wahrscheinlich macht es auch für dich Sinn, diese Akkorde isoliert zu üben.

Versuche dann mit 3-9-Arpeggios über diese Sequenz zu improvisieren. Hier sind die Arpeggioformen, die du dafür brauchst:

Aber pass' auf: Bbmaj7 und Bbm7 haben dieselbe 9 (C). Wahrscheinlich funktioniert es besser, wenn du auf einem Akkord ein 3-9-Arpeggio verwendest und auf dem anderen nicht, damit du einen zusätzlichen Zielton zwischen den Akkorden hast.

Ich würde empfehlen mit einem 1-7-Arpeggio auf Bbmaj7 anzufangen und dann ein b3-9-Arpeggio auf Bbm7 zuspielen. Sonst enthalten die ersten drei Akkorde alle die Note Bb. Du kannst Eb7 (3-9) oder Eb7 (3-b9) benutzen. Ich persönlich fange mit dem erweiterten 3-b9-Arpeggio an.

Beispiel 5d: (Vier Saiten)

Beispiel 5e: (Mit Achtelnoten)

Beispiel 5f: (Achtelnoten mit chromatischen Approach-Notes)

Finde so viele Möglichkeiten, wie du kannst, diese Arpeggios miteinander zu kombinieren.

Die Dominantische m7b5-Substitution

Du weißt schon aus Kapitel 1, wie man über diese Progression improvisiert. Deshalb ist jetzt ein guter Moment eine neue Substitution auf der Dominante einzuführen.

Wir werden ein m7b5-Arpeggio (Mollseptarpeggio mit erniedrigter Quint) auf der b7 der Dominante spielen.

Die Dominante in dieser Akkordfolge ist Eb7. Die b7 von Eb ist Db. Wir *spielen also Dbm7b5 über Eb7.*

Die folgende Tabelle zeigt dir die Intervalle, die du im m7b5-Arpeggio auf der b7 der Dominante verwendest.

Akkord/Arpeggio							
Eb7	Eb	G	Bb	Db			
Dbm7b5				**Db**	**Fb (E)**	**Abb (G)**	**Cb (B)**
Intervalle über dem Grundton (Eb7)	1	3	5	b7	b9	3	#5

Wenn wir ein m7b5-Arpeggio auf der b7 von Eb7 verwenden, spielen wir folgenden Intervalle über dem Grundton (Eb): b7, b9, 3 und #5.

Gehe zurück zu Kapitel 2 und schau' dir nochmal die Dim7-Substitution an. Bei dieser Substitution haben wir die 3, 5, b7 und b9 über dem Grundton gespielt. Diese neue m7b5-Substitution bringt nur eine einzige neue Erweiterung in den Akkord: die #5. Obwohl sich das nur in einer Note von der dim7-Substitution unterscheidet, erzeugt die #5-Erweiterung ein ganz anderes Gefühl in der Melodie.

Du kannst folgende Akkordformen für ein m7b5-Arpeggio auf der b7 von Eb7 in dieser Position benutzen:

Dbm7b5 (E7#5b9)

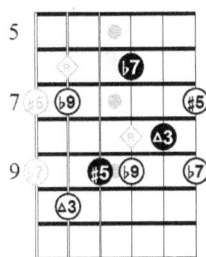

Ignoriere erstmal die Töne auf der Basssaite und fange auf der 5. Saite mit dem Üben an. Das Arpeggio wird dir so viel leichter fallen. Nimm' dich selber im Loop auf, wie du einen Eb7-Akkord spielst und spiele dann das substitute Dbm7b5-Arpeggio.

Die Spannung der alterierten Töne (der #5 und der b9) werden dir ins Gesicht springen und möglicherweise hören sie sich auch etwas komisch an. Aber sie klingen wunderschön, wenn sie richtig aufgelöst werden. Wie man das macht, wird in den folgenden Beispielen gezeigt.

Beispiel 5g:

Beispiel 5h:

Beispiel 5i:

Wenn man eine neue Substitution in sein Spiel aufnimmt, kann das lange dauern und viel konzentriertes Üben erfordern. Es reicht nicht, Arpeggioformen zu kennen. Man muss auch sein *Gehör* für den Effekt der neuen Alteration entwickeln, und lernen, wie man diesen kontrolliert auflöst.

Denk' dran: es macht keinen Sinn hier die Dinge zu überstürzen. Versuche einfach langsam neue Klänge in dein Vokabular auf der Gitarre einzubauen.

Die folgenden Beispiele kombinieren alle Elemente aus diesem Kapitel in melodischen Phrasen, wie du sie in vielen Stücken findest.

Beispiel 5j:

Beispiel 5k:

Versuche diese Akkordfolge in einer neuen Position auf dem Griffbrett zu spielen, sobald du klanglich sicherer wirst.

Kapitel 6: I II7 iim7 V

| Imaj7 | II7 | iim7 | V7 |
| Bbmaj7 | C7 | Cm7 | F7 |

Diese Akkordfolge kannst du auf Backing-Track Nr. 6 hören.

Tonales Zentrum: Bb-Dur mit einem dominantischen II-Akkord.

Quellskala: Bb-Dur in den Takten 3, 4 und 1. Verwende C-Mixolydisch in Takt 2.

Die Akkordfolge, die wir in diesem Kapitel besprechen, kommt erstaunlich oft vor und sie wird dir bekannt vorkommen. Man hört sie vor allem in Lateinamerikanischer Musik, vor allem bei Antônio Carlos Jobim.

Wenn wir diese Akkordsequenz ab Takt 3 betrachten, sehen wir, dass sie eine ii-V-I-Wendung in Bb-Dur enthält. In Takt 2 finden wir eine Dominantische Version des iim7-Akkordes.

Diese Akkordfolge kommen in vielen Stücken vor. Unter anderem in diesen:

- Take the ,A' Train
- Donna Lee
- The Girl from Ipanema
- Desafinado
- Mood Indigo

75% dieser Akkordverbindung kennst du schon gut. Nutzen wir also dieses Kapitel dazu, eine ganze Reihe interessanter Akkordsubstitutionen einzuführen, statt schrittweise vorzugehen, wie wir es in den letzten Kapiteln gemacht haben.

Unten findest du die Akkorde und die 1-7-Arpeggios. Du solltest sie gut beherrschen, bevor du dich den Substitutionen in diesem Kapitel widmest. Den Ablauf kennst du mittlerweile. Arbeite dich also in methodischen Schritten vor, wie du es aus den letzten fünf Kapiteln kennst.

Die Akkorde für diese Sequenz können folgendermaßen gespielt werden:

Die 1-7-Arpeggios für diese Akkordformen sind:

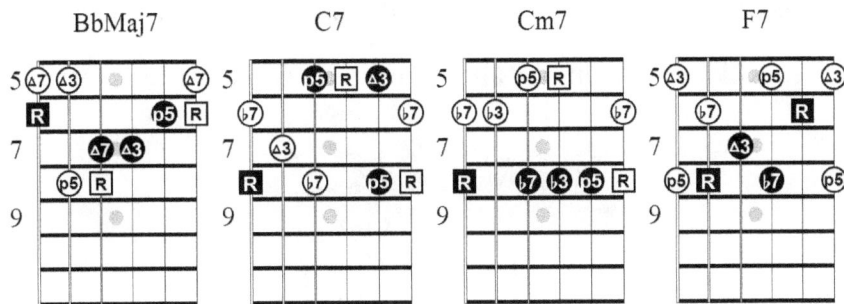

BbMaj7   C7   Cm7   F7

Lerne diese Arpeggios auswendig, bevor du sie auf kleine Saitengruppierungen überträgst und zum Backing-Track spielst. Möglicherweise solltest du den Wechsel von Bbmaj nach C7 isoliert üben. Schließlich ist das der wichtige neue Klang, den wir gerade erkunden.

Übe diese Formen, bis du dich damit wohl fühlst, Melodien aus Viertelnoten zu Backing-Track Nr. 6 zu spielen und immer mal wieder Achtelnoten und chromatische Durchgangstöne einzustreuen.

Nachdem du den Großteil der Progression in diesem Kapitel schon kennst, kannst du diese Gelegenheit nutzen eine neue Sequenz aus erweiterten Arpeggios, die regelmäßig über die ii-V-I-Wendung gespielt werden, in dein Repertoire aufzunehmen.

Im Rest des Kapitels verwenden wir nur noch 3-9-Arpeggio über allen Akkorden, außer der Dominante (F7) Auf F7 spielen wir die „m7b5-Substituion auf der b7" aus Kapitel 5.

Diese Arpeggios sind also:

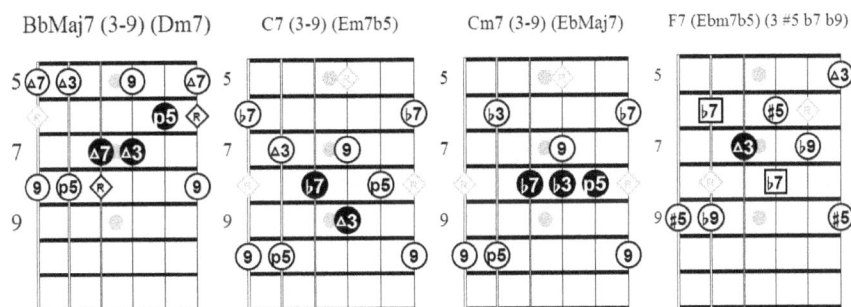

BbMaj7 (3-9) (Dm7)   C7 (3-9) (Em7b5)   Cm7 (3-9) (EbMaj7)   F7 (Ebm7b5) (3 #5 b7 b9)

Wenn wir erweiterte 3-9-Arpeggios bilden, erzeugen wir eigentlich neue Arpeggios, die auf der Terz (3) des ursprünglichen Akkordes aufschichten. In Kapitel 1 auf Seite 22 zeige ich beispielsweise, dass die Töne des erweiterten 3-9-Arpeggios von Bbmaj7 die Töne eines Dm7-Arpeggios enthalten.

Ich habe in jedem Diagramm oben die Namen der neuen Substitutionsarpeggios in Klammern genannt. Denk' dran, dass wir die „b7-m7b5-Substitution" auf dem F7-Akkord spielen. Die b7 von F ist Eb. Wir verwenden also das Ebm7b5-Arpeggio.

In den folgenden Beispielen „denken" wir nur an die Substitutionsarpeggios, die auf jedem Akkord gespielt werden. John Coltrane hat das gemacht und sich auch die Substitution seiner Wahl über dem seine Original-Changes geschrieben. Anders gesagt: er hat beim Spielen nicht an die Changes des Stückes gedacht, sondern an eine Reihe ganz anderer Arpeggios, die man an Stelle der ursprünglichen Arpeggios spielen konnte.

Die folgende Tabelle zeict die Akkordsequenz mit allen Substitution in Klammern über die Akkorde geschrieben.

Wir behalten das im Hinterkopf und schauen uns jetzt die Arpeggiosubstitutionen für diese Akkordfolge an.

Auf dem Backing-Track werden die Original-Akkorde gespielt, aber wir spielen die Substitutionsarpeggios in Klammern.

Beispiel 6a:

Beispiel 6b:

Beispiel 6c:

Baue diese Ideen aus und untersuche sie so gründlich, wie möglich.

Diese Substitutionen werden erst so richtig interessant, wenn du sie als *Sequenzen* auf den drei Diskantsaiten spielst. Die folgenden Melodien sind in diesem Zusammenhang ganz typisch.

Beispiel 6d:

Beispiel 6e:

Vergiss' nicht beim Üben zwischen deinen Phrasen Platz zu lassen und mit jedem Konzept, das du lernst, musikalische Melodien zu bilden. Hier ist eine einfache Möglichkeit genau das zu machen.

Beispiel 6f:

Diese Folge von Substitutionen ist extrem wichtig. Sie wird oft in meisterhaften Improvisationen verwendet um in einer ii-V-I-Wendung und einer I-VI-ii-V Progression zu navigieren.

Übe das, bis du das Konzept «Substitutionen spielen» vollkommen verstanden hast. Der Grundgedanke ist, sich ganz auf das Substitutionsarpeggio, das du spielst, einzulassen, anstatt dich mit den ursprünglichen Changes zu beschäftigen. Natürlich ist es unglaublich wichtig zu wissen, welche Changes gespielt werden, aber wenn du an die Substitutionen denkst, kannst du dich ganz auf die Melodien konzentrieren und sie mit einer gesunden Portion Selbstbewusstsein spielen.

Verwende die Substitutionen in diesem Kapitel in anderen Tonarten. Hier ist eine sehr praktische Akkordfolgen, für die du diesen Ansatz auch verwenden kannst:

Die „m7b5-Substitution auf der b7" kann auf dem G7b9-Akkord verwendet werden. Nimm' einfach die gleiche Arpeggioform, wie für das Ebm7b5-Arpeggio in diesem Kapitel. Verschiebe die ganze Form dann um einen Ganzton nach oben und du bekommst Fm7b5.

Hier ist eins von vielen Beispielen.

Beispiel 6g:

Kapitel 7: I7 IV7 V7 IV7

Diese Akkordfolge kannst du auf Backing-Track Nr. 7 hören.

Du kannst dir diese Sequenz als „destillierten" 12-taktigen Blues vorstellen. Dieses Kapitel beschäftigt sich damit, wie man Arpeggios über harmonisch stabile Töne in der Blues-Akkordfolge miteinander verbindet.

Tonales Zentrum: Basiert auf den Stufen I, IV und V von Bb-Dur. Alle Akkorde sind Dominantseptakkorde.

Quellskala: Die erste Wahl wäre eine mixolydische Skala über jedem Akkord; d.h. Bb-Mixolydisch, Eb-Mixolydisch und F-Mixolydisch über den entsprechenden Akkorden.

Hier einige beliebte Jazzblues-Stücke mit dieser Akkordfolge:

- Billie's Bounce

- C Jam Blues

- Au Privave

- Straight No Chaser

Der 12-taktige Blues gehört zu den beliebtesten Formen im Jazz. Und obwohl Jazzmusiker routinemäßig ziemlich komplizierte Changes und Alterationen spielen, ist und bleibt das Herzstück dieser Progression die traditionelle Akkordsequenz, die du wahrscheinlich schon gut kennst:

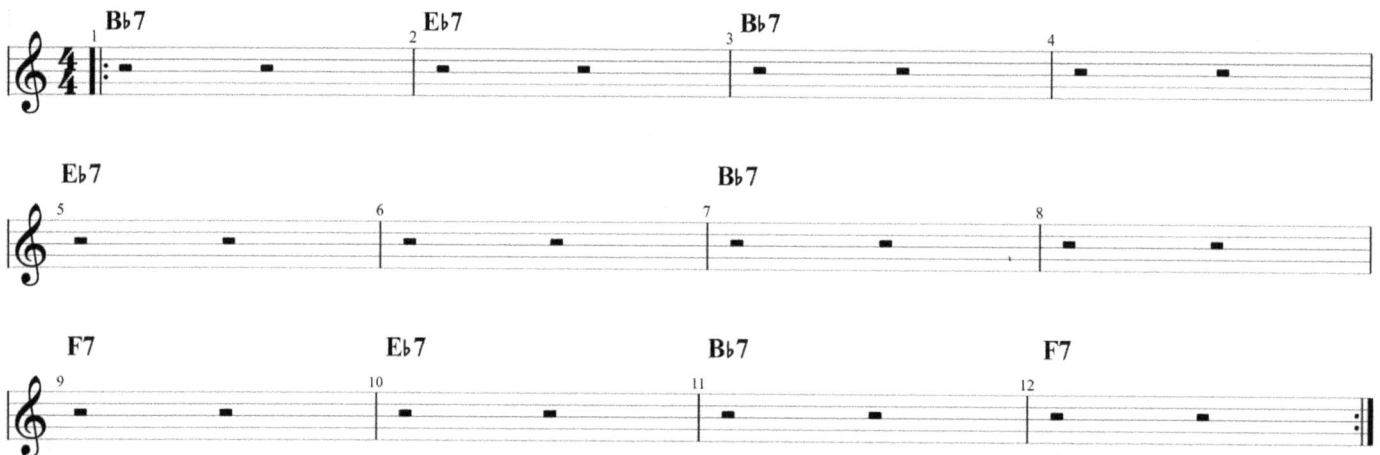

Die bekannteste Alteration für die Progression ist ein „I-VI-ii-V"-Turnaround über den letzten Takten. Wir schauen uns noch viele andere Variationen in den späteren Kapiteln an. Die 12-taktige Jazz-Form ist meistens eine Variation der folgenden:

In diesem Kapitel untersuchen wir die drei Akkorde, die den „Original"-Blues in 12 Takten bilden. Aus ihnen sind alle Jazzprogressionen gewachsen.

Die grundlegenden Akkord-Voicings können so gespielt werden:

Hier sind die Arpeggios, die du zum Improvisieren über diese Akkorde in dieser Position brauchen wirst:

Lerne zunächst, wie man diese Arpeggios in einem kleinen Bereich des Griffbrettes miteinander verbindet. Arbeite dich schrittweise vor und erweitere die Bereiche auf Gruppierungen aus zwei, drei und vier Saiten.

Das Eb7-Arpeggio ist die einzige neue Arpeggio-Form.

Beispiel 7a: (Drei Saiten)

Beispiel 7b: (Vier Saiten)

Beispiel 7c: (Vier Saiten mit rhythmischen Variationen)

Spiele im nächsten Übeschritt die Akkordtöne auf dem Schlag über chromatische Approach-Notes und Tonleitertöne an.

Beispiel 7d:

Beispiel 7e:

3-9-Arpeggios

Du hast die 3-9-Arpeggios für B7 und F7 in dieser Position schon geübt. Es sollte dir also relativ leichtfallen, diese Arpeggios anzuwenden. Wir haben uns schon intensiv mit diesem Thema auseinander gesetzt. Deshalb werde ich dir hier keine Beispiele für 3-9-Arpeggios geben, sondern möchte dich ermutigen, deine Eigenen zu finden. Diese Art von selbständigem Üben bringt unglaublich viel. Hier sind die Arpeggio-Formen, die du brauchst:

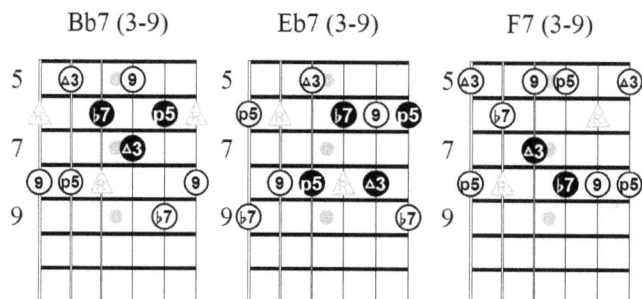

7b9-Substitutionen

In der harmonischen Bewegung vom Bb7 zum Eb7, fungiert der Bb7-Akkord als Dominante zu Eb7. Wir haben hier eine funktionale V-I-Beziehung.

Es kann sich ein wenig komisch anhören, wenn du eine 7b9-Substitution über den ganzen Bb7-Takt verwendest, weil Bb7 eigentlich die Tonika in dieser Progression ist. Aber wenn wir diese Substitution nur am *Ende* des Bb7-Taktes verwenden, können wir eine interessante Spannung aufbauen, die sich in Eb7 wunderbar löst.

Wie immer gibt es auch hier viele andere Substitution, die du ebenfalls verwenden könntest. Die verminderte 7b9-Substitution ist eine einfache Möglichkeit, Spannung zu erzeugen und die Melodie interessanter zu machen. Die Bb7b9-Substitution (Ddim7-Arpeggio) kann so gespielt werden:

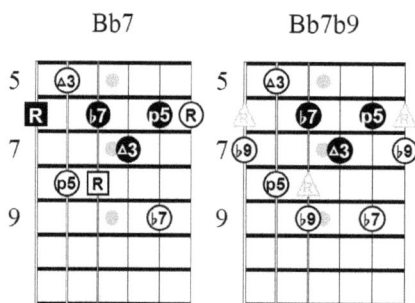

Für die folgenden Melodien verwende ich Achtelnoten auf dem Bb7 und zeige, wie man die dim7-Substitution am Ende des Taktes verwendet.

Beispiel 7f:

Beispiel 7g:

Es verändert sich nur eine Note zwischen Bb7 und dem Ddim7-Arpeggio; aber dieser kleine Spannungsanstieg macht das Ganze viel interessanter.

Dominant-Substitutionen werden oft im 4. Takt eines Jazzblues verwendet; direkt, bevor der I-Akkord zur IV geht. Du kannst dich an der Stelle mit Substitutionen richtig austoben, weil du einen ganzen Takt Zeit hast. Wenn du noch mehr Inspiration suchst, schau' dir die Tritonus-Melodien in Kapitel 12 an.

Die folgenden Beispiele enthalten viele verschiedene Arpeggios; u.a. 1-7-, 3-9- und 3-b9-Arpeggios. Es werden auch chromatische Approach-Notes verwendet, um die Arpeggio-Töne, die sich verändern, gezielt anzuspielen.

Beispiel 7h:

Beispiel 7i:

Probiere die Ideen aus diesem Kapitel auch in den folgenden Positionen auf dem Griffbrett aus:

Wenn du noch mehr über Jazzblues-Progressionen wissen willst, schau' dir mein Buch „**Jazz Blues Soloing for Guita**r" an (zur Zeit der Drucklegung nur auf Englisch erhältlich).

Kapitel 8: ii V I in Moll

Diese Akkordfolge kannst du auf Backing-Track Nr. 8 hören.

Tonales Zentrum: Bb-Moll (normalerweise wir das als harmonisches Moll gesehen. Es kann aber auch als melodisches Moll betrachtet werden).

Quellskala: Bb Harmonisch Moll, aber normalerweise spielt man Lokrisch oder Lokrisch mit der natürlichen 9 auf dem iim7b5-Akkord.

Die ii-V-i-Wendung in Moll kommt extrem häufig in vielen verschiedenen Stücken vor. Wie die ii-V-I-Wendung in Dur macht die Musik an dieser Stelle „einen Punkt".

Die Theorie hinter der Konstruktion der ii-V-i-Wendung in Moll ist etwas komplexer als bei der ii-V-I-Wendung in Dur. Deshalb werden werden wir uns erst einmal jeweils auf den konkreten Akkord konzentrieren und nicht so sehr hinterfragen, woher dieser kommt.

Wenn du darüber mehr Infos haben möchtest, kann ich dir mein Buch „**Minor ii V Mastery for Guitar**" empfehlen (zum Zeitpunkt der Drucklegung nur auf Englisch erhältlich).

Die ii-V-i-Sequenz in Moll findest du unter anderem in folgenden Stücken:

- Alone Together

- Summertime

- Softly, as in a Morning Sunrise

- Beautiful Love

- Autumn Leaves

Lerne einige davon, damit du ein Gefühl dafür bekommst, wie sich die ii-V-i-Sequenz in Moll anfühlt.

Es kommt in der ii-V-i-Sequenz auch der m7b5-Akkord vor. Seine Intervalle sind 1, b3, 5, b7, was sich natürlich auch auf sein Arpeggio überträgt. In der Akkordfolge oben habe ich die Dominante als 7b9-Voicing geschrieben. Es gibt aber noch viele andere chromatische Alterationen für diesen Akkord.

Die Akkorde der ii-V-i-Wendung in Moll können in Bb-Moll so gespielt werden:

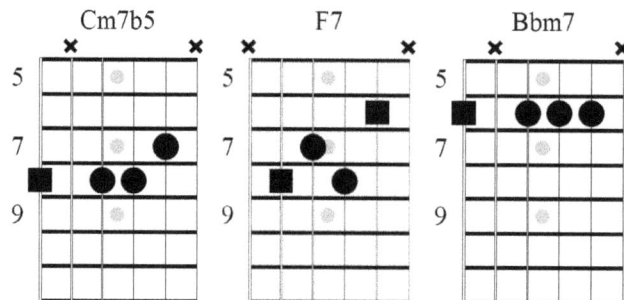

Cm7b5   F7   Bbm7

Manchmal sieht man die Tonika (Bbm7) auch als *BbmMaj7*-Akkord. Das werden wir uns später noch genauer ansehen. Die Arpeggios für jeden Akkord können folgendermaßen gespielt werden:

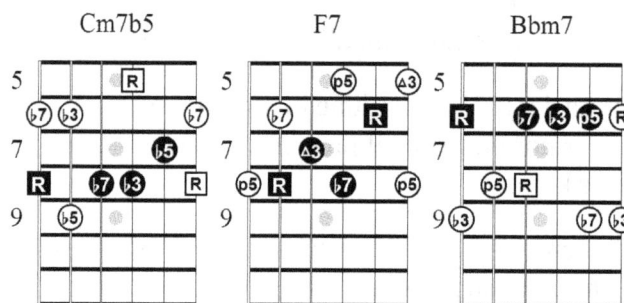

Cm7b5   F7   Bbm7

Übe die neuen Arpeggios wieder so, wie es in Kapitel 1 beschrieben ist.

Eine wichtige Sache in dieser Arpeggio-Sequenz ist, dass sich zwischen Cm7b5 und F7 nur zwei Noten verändern. Die b5 von Cm7b5 fällt zum Grundton von F7 und die b7 von Cm7b5 geht zur Terz (3) von F7.

Dir sollte bewusst sein, dass eine 7b9-Substitution auf dem F7 dann nur einen Ton zwischen dem Cm7b5-Arpeggio und dem F7b9 verändert. Musikalisch ist das weder gut, noch schlecht. Aber in diesem Buch geht es darum, wie man wechselnde Akkordtöne gezielt anspielt und deshalb ist das wahrscheinlich an der Stelle nicht die beste Substitution.

Fange wie immer beim Üben mit den Saitenpaaren an und spiele die Changes so gezielt wie möglich an. Gehe schrittweise zu zwei, drei und vier Saiten weiter. Wenn du hier ein wenig Geduld hast, wirst du sehr schnell große Fortschritte machen und fließend spielen.

Versuche jede Möglichkeit auszureizen, bevor du zur nächsten Saitengruppierung gehst und eine weitere Saite dazu nimmst.

Beispiel 8a: (Zwei Saiten)

Beispiel 8b: (Drei Saiten)

Beispiel 8c: (Achtelnote auf Schlag 4)

Gehe noch einmal zu den früheren Kapiteln zurück und schau' dir an, wie wir neue Rhythmen eingefügt haben.

Nimm' dann als nächstes chromatische Approach-Notes dazu.

Beispiel 8d: (Zwei Saiten)

Beispiel 8e: (Drei Saiten)

Erweiterungen und Substitutionen

Es gibt jede Menge Substitutionen und andere Improvisationsansätze, die du bei Solos über eine ii-V-i-Wendung in Moll verwenden kannst. Hier kann ich leider nur an der Oberfläche kratzen, aber wenn du mehr Information zu diesem Thema haben möchtest, besorg' dir mein Buch „**Minor ii V Mastery for Jazz Guitar**", das sich tiefgreifend mit dieser wichtigen Jazzgitarren-Progression auseinandersetzt (Zur Zeit der Drucklegung ist dieses Buch nur auf Englisch erhältlich).

Der erste Schritt ist, die erweiterten 3-9-Arpeggios über jedem Akkord zu untersuchen. Die Konstruktion der ii-V-Progression in Moll ist etwas zweideutig. Deshalb werde ich den Akkord auf der ii (Cm7b5) so behandeln, als würde er von der vii. Stufe der Durskala abgeleitet werden.

Wenn du mehr Klarheit zur Theorie brauchst, lies' bitte „**Minor ii V Mastery for Jazz Guitar**".

Hier sind die 3-9-Arpeggios für die Akkorde Cm7b5 und Bbm7. Verwende auf dem F7 erst einmal die verminderte 3-b9-Substitution.

Konzentriere dich auf das erweiterte b3-b9-Arpeggio auf dem Cm7b5. Siehst du, dass die Töne ein neues Ebm7-Arpeggio bilden? Ich habe den neuen Grundton als Raute dargestellt.

Schau' dir jetzt das b3-9-Arpeggio von Bm7 an. Siehst du, dass das neue Arpeggio ein Dbmaj7-Arpeggio ist? Der neue Grundton ist wieder als Raute dargestellt.

Wir wissen bereits, dass ein erweitertes 3-9-Arpeggio immer als neues 1-7-Arpeggio auf der Terz des ursprünglichen Akkordes gebildet wird. Das ist sehr praktisch, weil alle Licks, die wir für das neue Arpeggio kennen über dem ursprünglichen Akkord verwendet werden können.

Die wichtigsten Theorieinhalte zum verminderten Septakkord

Wir haben eine verminderte Septsubstitution auf der Terz der Dominante (F7) in den letzten Kapiteln verwendet, um einen alterierten 3-b9 Klang zu erzeugen.

Eine Sache, die bei verminderten Akkorden wichtig ist: sie sind *symmetrisch*. Symmetrische Akkorde oder Arpeggios in der Musik sind solche, in denen *jede Note den gleichen Abstand zur nächsten hat*. In einem verminderten Akkord hat jede Note eine kleine Terz (ein Ganzton plus ein Halbton) Abstand zur Nächsten.

Das kann man ganz leicht erkennen, wenn wir die Einzeltöne eines Adim7 auf einer Saite spielen:

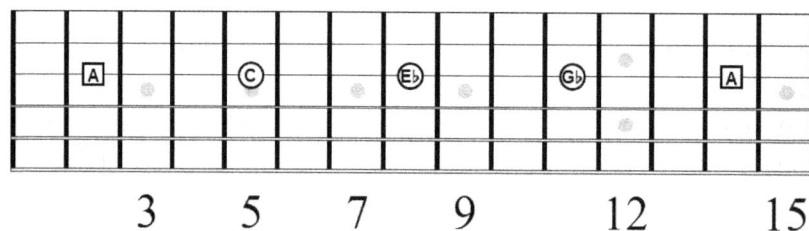

Weil alle Noten gleich weit voneinander entfernt sind, kann *jeder* Ton als Grundton des Akkordes betrachtet werden. Der Akkord Adim7 ist zum Beispiel dasselbe wie Cdim7, Ebdim7 und Gbdim7.

Weil das Arpeggio von Adim7 mit dem Arpeggio von Ebdim7 identisch ist, kannst du über die ersten beiden Akkorde dieser Progression improvisieren, indem du „Ebm7 nach Ebdim7" denkst. (Denk' dran: Ebm7 ist das erweiterte 3-9-Arpeggio von Cm7b5.) Zum Beispiel:

Beispiel 8f:

Denk: Ebm7 Ebdim7 Auflösung

Substitutionen auf diese Weise zu verwenden ermöglicht uns, neue Akkordtöne einzuführen und Erweiterungen in unser Spiel zu bringen. Das kann sehr schwierige Akkordfolgen gedanklich stark vereinfachen.

Du weißt mittlerweile, wie man diese Arpeggios übt. Benutze also Backing Track Nr. 8 und untersuche diese Arpeggios über einer ii-V-i in Moll in Bb.

Fange mit einem 1-b7-Arpeggio in der Grundstellung auf Bbm7 an und nimm' das b3-9-Arpeggio erst dann hinzu, wenn du dich mit den erweiterten Arpeggios auf den Akkorden ii und V sicher fühlst. Nimm' dann wieder schrittweise chromatische Approach-Notes dazu und arbeite daran, zwischen deinen Phrasen Platz zu lassen, damit eindringliche Melodien entstehen.

Eine weitere wichtige Arpeggio-Substitution ist ein *Maj7-Arpeggio auf der b5 des m7b5-Akkordes* (beschäftige dich damit erst, wenn du bereit dafür bist).

Über dem Cm7b5-Akkord würdest du ein Gbmaj7-Arpeggio spielen und damit die b5, b7, b9 und 11 über dem Cm7b5 erzeugen:

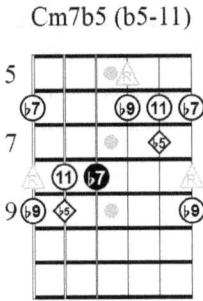

Cm7b5 (b5-11)

Das klingt großartig, wenn du es mit den verminderten Melodien auf der letzten Seite verbindest. Lies nochmal die letzte Seite und erinnere dich, dass Adim7 das Gleiche ist, wie Gbdim7.

Das ist wirklich praktisch, weil wir damit eine weitere einfache Möglichkeit haben, wie wir über die Changes *denken*:

Den Akkordwechsel von Cm7b5 nach F7, können wir als Gbmaj7 nach Gbdim7 betrachten. Das zeigt folgendes Beispiel.

Beispiel 8g:

Ein Beispiel 5f haben wir Eb-Arpeggios über die ersten beiden Akkorde der Sequenz gedacht und in Beispiel 5g haben wir Gb-Arpeggios über die ersten beiden Akkorde gedacht. So eine Vereinfachung kann komplexe Sequenzen erschließbar machen und dadurch können wir leichter mit eingängigen und stabilen Melodien darüber improvisieren, statt nur den „Changes hinterher zu jagen".

Ein letzter Vorschlag, der sich wunderbar in Beispiel 5g einfügt ist, ein Fm7-Apreggio über den letzten Bbm7-Akkord zu spielen. Dadurch, dass wir schon Gb-Arpeggios auf den Akkorden ii und V gedacht haben, ist es nicht so schwierig, einfach einen Halbton nach unten zu Fm7 (der Quint (5) von Bbm7) zu gehen und ein m7-Arpeggio auf dem i-Akkord zu spielen.

Mit einem Fm7-Arpeggio über Bbm7 spielst du gezielt die 5, b7, 9 und 11 an.

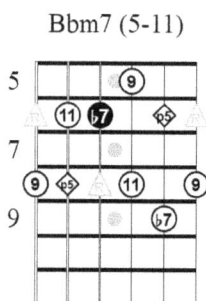

Bbm7 (5-11)

Das folgende Beispiel verwendet die Arpeggio-Sequenz Gbmaj7 - Gbdim7 - Fm7 über der ii-V-i-Sequenz in Moll.

Beispiel 8h:

Es gibt viele Substitutionen, die du verwenden kannst, aber du solltest diese nur auf der soliden Basis der ganz einfachen 1-7-Arpeggios erkunden.

Je sicherer du mit Arpeggios wirst, desto mehr wünschst du dir vielleicht den Zugang zu dieser Sequenz über eine Skala. Die Bb-Harmonisch-Mollskala funktioniert sehr gut über der ganzen Akkordfolge und die Bb-Moll(-Blues)Pentatonik klingt sehr schön auf dem Bbm7-Akkord.

Bb Harmonic Minor

Bb Pentatonic (Blues)

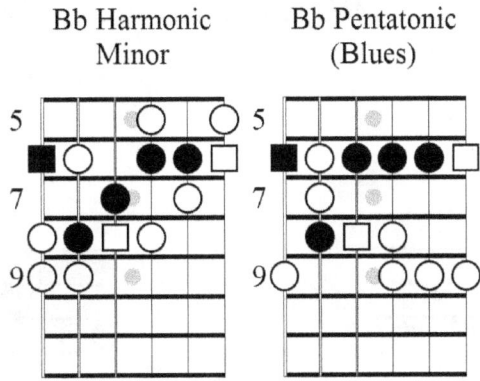

Wenn du über Jazz Changes improvisieren lernst, arbeite immer erst an verständlichen Arpeggioverbindungen, bevor du dich den Akkorden über eine Tonleiter annäherst.

Arpeggios und chromatische Approach-Notes bilden die Sprache des Jazz (vor allem im Bebop). Mit Skalen füllt man die Lücken zwischen den Arpeggiotönen, die man spielen will.

Beispiel 8i:

Beispiel 8j:

Wenn du dich mit der ii-V-i-Wendung in Moll in dieser Position sicher fühlst, übe sie in den folgenden Griffbrettbereichen auf der Gitarre:

Kapitel 9: Der Blues in Moll

im7	ivm7	bVI7	V7
Cm7	**Fm7**	**Ab7**	**G7**

Diese Akkordfolge kannst du auf Backing-Track Nr. 9 hören.

Tonales Zentrum: C-Moll.

Quellskala: C-Harmonisch-Moll kann über der ganzen Akkordfolge benutzt werden, aber C-Äolisch wird häufiger verwendet. Die C-Moll-Bluespentatonik wird ebenfalls verwendet.

Der Blues in Moll ist die Jazzprogression, die am meisten gespielt wird und besonders beliebt bei Jazzsessions ist. Normalerweise spielt man sie ziemlich schnell. Diese 12-taktige Bluesprogression unterscheidet sich von der Bluesprogression vom „Standard"-Jazzblues durch das tonale Zentrum in Moll und relativ einfache Harmonien. Ein ganzer Blues in Moll sieht oft so, oder so ähnlich aus:

Wie du siehst, gibt es lange Phasen in denen Akkorde liegen bleiben. Besonders harmonisch interessant wird es in Takt 9 mit dem nicht-diatonischen Ab7. In einer harmonisierten harmonischen Mollskala bildet die bVI natürlicherweise einen maj7-Akkord. Er unterscheidet sich nur in einem Ton vom *notierten* Ab7 und dem diatonisch „korrekten" Abmaj7. Deswegen ignorieren die meisten Spieler diese Dissonanz, vor allem, wenn schnell gespielt wird.

Jazzstücke mit dieser Moll-Blues-Struktur sind u.a.:

- Mr PC

- Equinox

- Blue Train

- Israel

Alle diese Stücke sind Variationen des einfachen 12-taktigen Blues in Moll, obwohl sie andere Changes und Substitutionen enthalten.

Die Akkorde des „einfachen" Blues in Moll können so gespielt werden:

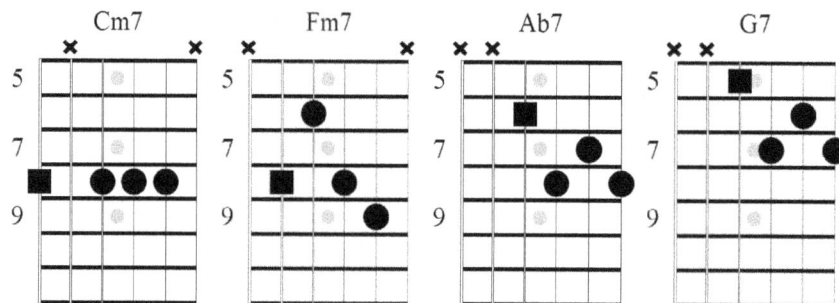

Obwohl die Tonika ein Cm7 ist (oft nur als Cm auf einem Chord-Sheet notiert), gibt es zwei großartige Arpeggio-Möglichkeiten über C-Moll. Da diese Progression aus der harmonischen C-Mollskala stammt, ist das CmMaj7-Arpeggio (sprich „C Moll Major 7") eine gute Wahl über dem Cm7-Akkord.

Ein mMaj7-Arpeggio hat die Formel 1 b3 5 7. Es besteht aus einem *Molldreiklang* mit einer natürlichen (also großen) Septim und unterscheidet sich in einem Ton vom normalen m7-Apreggios, das wir bis jetzt verwendet haben.

Am besten lernst du zuerst, über die Changes mit dem m7-Arpeggio unten zu improvisieren und wenn das fließend geht, baust du das mMaj7-Arpeggio in dein Spiel ein.

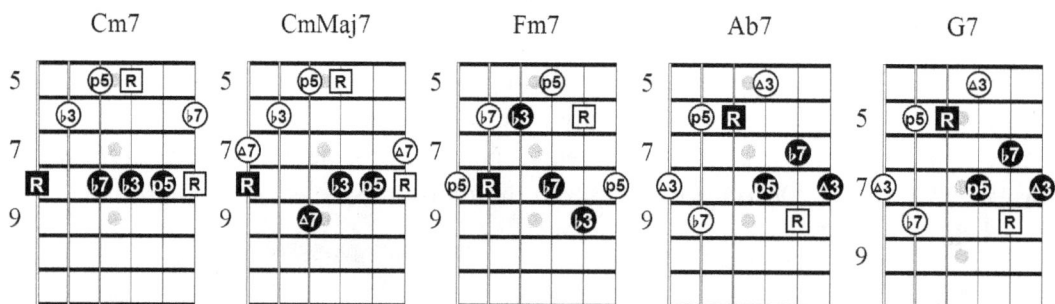

Es muss auch unbedingt erwähnt werden, dass ein Ab7-Arpeggio über Ab7 *und auch* über G7 in diesem Moll-Blues ganz großartig klingt. Statt dass wir uns als Solisten gezwungen sehen, den Akkorden zu folgen, können wir ein Arpeggio über zwei Takte spielen und damit die harmonische Spannung in der Melodielinie verstärken.

Fange mit 1-7-Arpeggios in kleinen Griffbrettbereichen an, bevor du chromatische Approach-Notes und Achtelnoten hinzu nimmst.

Denk' dran: die folgenden Beispiele sind nur die Spitze des Eisberges und sollen dir nur die Herangehensweise zeigen. Am meisten wird dir dieses Buch nützen, wenn du alle Möglichkeiten, so vollständig wie möglich selber erforschst.

Lerne die Melodien von einigen oben erwähnten Stücken und baue diese Übungen in deine Solos mit ein (Mr PC wäre ganz gut für den Anfang).

Beispiel 9a: (Zwei Saiten)

Beispiel 9b: (Drei Saiten)

Beispiel 9c: (Vier Saiten mit chromatischen Approach-Notes)

Wenn du findest, dass du diese Arpeggios fließend spielen kannst, versuche die Melodie etwas atmen zu lassen, indem du zwischen den Phrasen Platz lässt.

Eine gute Übung ist es, Melodielinien in der Mitte des Taktes beginnen zu lassen und eine fließende Melodie über den Akkordwechsel hinweg zu spielen. Hier eine Idee für den Anfang:

Beispiel 9d:

Dann wird es Zeit erweiterte 3-9-Arpeggios auf jedem Akkord einzuführen. Sie können folgendermaßen gespielt werden:

Achte darauf, dass ich das 3-9-Arpeggio auf dem Ab7 und das 3-b9-Arpeggio auf dem G7 verwendet habe. Das liegt daran, dass die b9 von G7 der Ton Ab ist, den du schon im vorhergehenden Takt als Grundton von Ab7 gehört hast.

Wenn du diese Arpeggios gelernt hast, übertrage sie auf kleine Saitengruppierungen und suche dann Wege, die sich chromatisch zwischen den Akkordwechseln bewegen.

Beispiel 9e: (Drei Saiten)

Beispiel 9f: (Vier Saiten mit chromatischen Approach-Notes)

Beispiel 9g: (Kombination aus 1-7 und 3-9-Arpeggios)

Und zum Schluss entscheide dich für einen etwas melodischeren Ansatz und denk' dran Platz zu lassen und fließende Linien zu spielen. Wenn du diese Konzepte über einen 12-taktigen Moll-Blues spielen willst, kannst du all diese Ideen über eine C-Moll-Bluesskala miteinander verbinden.

Beispiel 9h:

Kapitel 10: I biiDim7 ii biiiDim7

Imaj7	biiDim7	iim7	biiiDim7
B♭maj7	**Bdim7**	**Cm7**	**C#dim7**

Diese Akkordfolge kannst du auf Backing-Track Nr. 10 hören.

Tonales Zentrum: Bb-Dur.

Wann wird eine Reihe von Substitutionen zu einer eigenständigen Akkordsequenz? Diese Frage musste ich mir stellen, als ich die obere Progression in dieses Buch aufnehmen wollte. Die ersten drei Takte dieser Sequenz funktionieren als Substitution für die I-VI-ii-Progression, wie wir in den Kapiteln 2 und 3 besprochen haben.

Der Bdim7-Akkord in Takt 2 fungiert als Substitution für den G7b9-Akkord. Denk' dran, dass wir einen verminderten Akkord auf der Terz eines dominantischen Akkordes aufbauen können (z.B. Bdim7 auf einem G7-Akkord), um eine 7b9-Spannung zu implizieren.

Wir können also die ersten drei Akkorde dieser Sequenz als Bbmaj7 - G7b9 - Cm7 betrachten. Diese Akkordfolge habe ich auf Seite 40 schon einmal erwähnt. Aber auf Schlag 4 würden wir normalerweise einen F7-Akkord oder eine entsprechende Substitution erwarten, die uns wieder zur Tonika Bbmaj7 zurückführt.

Der C#dim7-Akkord in Takt 4 impliziert aber *keinen* F7b9, wie man es erwarten würde. C# ist die Terz von *A7,* nicht F7. Dadurch wird der C#dim7 in Takt eine Substitution für A7b9.

A7b9 ist die Dominante in D, wodurch man in Takt 4 einen Dm7 als nächsten Akkord erwarten würden. Wir wissen bereits, dass Dm7 eine häufig verwendete Substitution für den Bbmaj7-Akkord ist, weil Dm7 das 3-9-Arpeggio von Bbmaj7 ist.

Man kann auch den Basston in jedem Akkord betrachten. Sie bilden zusammen die chromatisch aufsteigende Linie Bb, B, C, C#... Die Akkordsequenz bettelt geradezu nach einem Dm7.

Diese Art von Substitution wird oft verwendet und macht die, so oft verwendete, I-VI-ii-V-Sequenz um Einiges interessanter. Die Verwendung des A7b9 in Takt 4 und seine Auflösung zu Dm7 (Bbmaj9) haucht der Sequenz neues harmonisches Leben ein.

Die Akkorde können mit diesen Akkordformen gespielt werden:

Die Arpeggios der Akkorde können so gespielt werden:

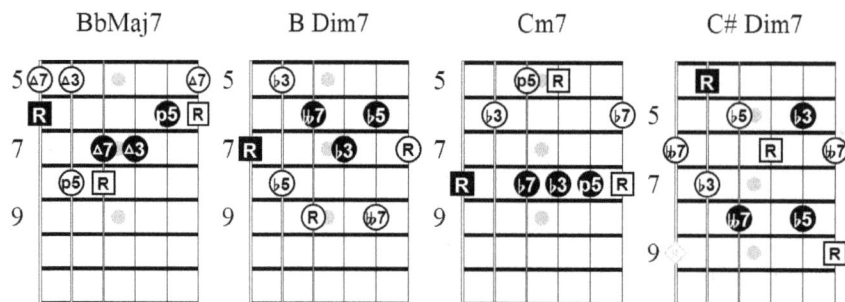

Die Note C# befindet sich einen Ganzton über dem B. Du kannst das Bdim7-Arpeggio trotzdem nach unten verschieben und ein C#dim7-Arpeggio spielen (Bbdim7 und C#dim7 enthalten die gleichen Noten).

Wenn ich das C#dim7-Arpeggio spiele, *denke* ich tatsächlich an Bbdim7, weil das den gleichen Grundton wie die Tonika (Bbmaj7) hat. So kann ich mir das Arpeggio leichter visualisieren und mich besser daran erinnern.

Fange, wie immer, mit den oberen Arpeggios and und arbeite dann die Saitengruppierungen durch, um die Changes gut zu üben.

Beispiel 10a: (Tiefe Saiten)

Beispiel 10b: (Hohe Saiten)

Beispiel 10c: (Chromatik und Achtelnoten)

Beispiel 10d: (Melodischer Ansatz)

Beispiel 10e:

Wenn du nach einer Arpeggio-Substitution für diese Changes suchst, ist es wichtig daran zu denken, welche Funktion jeder Akkord hat. Das gilt vor allem für C#dim7 in Takt 4.

Denk' daran, der C#dim7-Akkord tatsächlich eine Substitution für einen A7 ist. Das heißt, dass du jede Arpeggio-Substitution verwenden kannst, die auch über A7 funktioniert.

Wir sind also nicht mehr auf das C#dim7-Arpeggio (A7b9) beschränkt. Verwenden wir also stattdessen für diesen Akkord die m7b5-Substitution auf der b7. Die b7 von A ist G. Wir spielen also ein Gm7b5-Arpeggio über dem C#dim7 in Takt 4.

Es lohnt sich, das 1-7-Arpeggio für den Bbmaj7-Akkord in Takt 1 zu behalten, weil die Wahrscheinlichkeit hoch ist, dass in *Takt 5* der Progression ein Dm7 steht.

Das erweiterte 3-9-Arpeggio des Bbmaj7 bildet ein Dm7-Arpeggio. Wenn wir das also schon in Takt 1 verwenden, nehmen wir uns später in Takt 5 die Möglichkeit, die Harmonie noch zu entwickeln. Natürlich ist das alles sehr subjektiv und es ist sicher nicht falsch Dm7 über Bbmaj7 in Takt 1 zu spielen.

Der Einfachheit halber lassen wir das Bdim7-Arpeggio, wie es ist, und führen auf Cm7 das b3-9-Arpeggio ein.

Die neue Arpeggio-Sequenz sieht dann so aus:

Und bewegt sich zu:

Verwende die folgenden Beispiele als Ausgangspunkt für deine weiteren Übesessions.

Beispiel 10f:

Beispiel 10g:

Beispiel 10h:

Arbeite dich wieder von kleinen Saitengruppierungen vor, wenn du neue Arpeggios und Substitutionen übst.

Wenn du sicherer wirst, versuche diese Konzepte auf die folgenden Griffbrettbereiche zu übertragen.

Bb Maj7   B Dim7   Cm7   C# Dim7

Kapitel 11: Absteigenden ii-V-Sequenzen

iiim7	VI7		biiim7	bVI7		iim7	V7		Imaj7
Dm7	G7		Dbm7	Gb7		Cm7	F7		Bbmaj7

Diese Akkordfolge kannst du auf Backing-Track Nr. 11 hören.

Tonales Zentrum: Bb-Dur.

Quellskala: Keine. Aber, wenn wir Mixolydisch auf den dominantischen Akkorden in jedem Takt „denken" ist das eine gute Wahl im schnellen Tempo.

Die Akkordsequenz in diesem Kapitel, gehört zu den kniffligen Sequenzen im Jazz. Eine Reihe chromatisch absteigender ii-V-Wendungen wird von der iii in Bb-Dur aus gespielt und löst sich schließlich auch in Bb-Dur auf.

Solche absteigenden Akkordsequenzen können überall im Stück beginnen und müssen sich nicht unbedingt zur Tonika auflösen. Takt 4 der Progression könnte ganz leicht auch Bm7, Fm7 oder sogar Gbm7 sein.

Diese Art absteigender Sequenzen zeichnet den „Charlie Parker"-Blues-Stil aus und du kannst sie unter anderem in folgenden Stücken hören:

* Blues for Alice

* Four on Six

* Satin Doll

* West Coast Blues

Es ist zwar möglich über eine Akkordfolge in einer Position auf der Gitarre zu improvisieren, aber es ist viel praktischer den Akkorden auf dem Griffbrett abwärts zu „folgen" und die Melodie mit verschiedene Rhythmen und chromatischen Tönen interessanter zu machen.

Nur weil wir Griff-Formen verwenden, die nach unten wandern, heißt das nicht, dass unsere Melodie das ebenfalls tun muss. In der Akkordsequenz ist viel los. Du wirst sehen, dass es deine Improvisation ziemlich interessant macht, wenn du kurze, aufsteigende Melodien über die Changes hinweg spielst.

Das sind die Akkordformen für diese Sequenz:

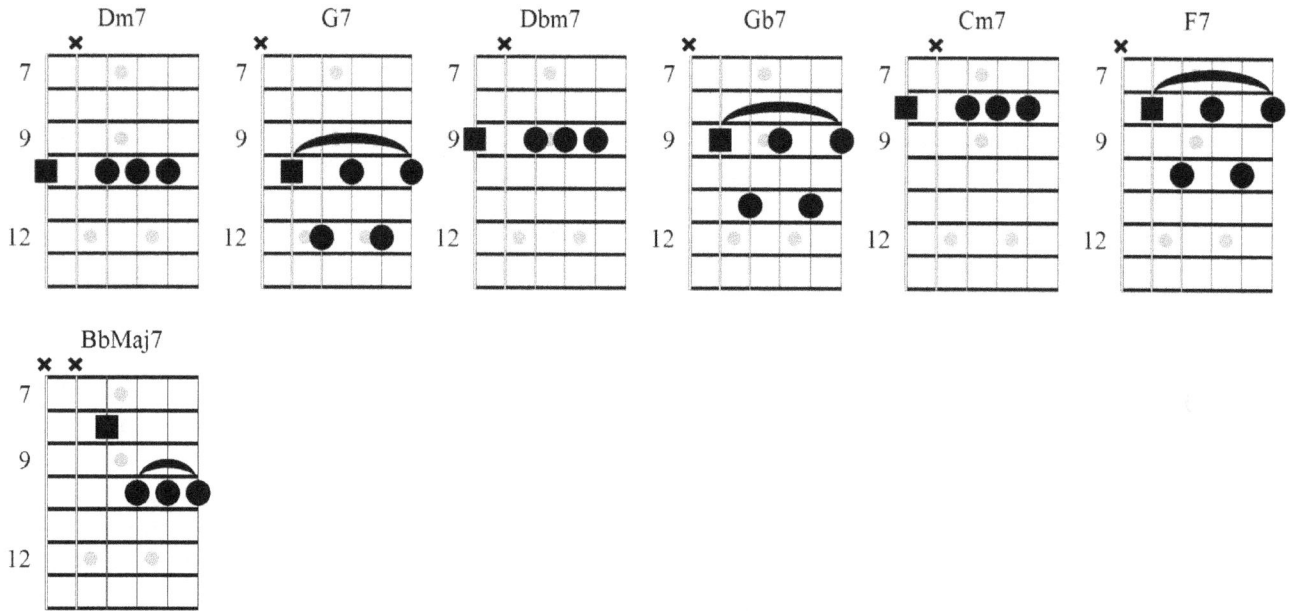

Dm7   G7   Dbm7   Gb7   Cm7   F7

BbMaj7

Wie du siehst, verwenden wir in jedem Takt immer die gleichen zwei Formen, auf dem Weg nach unten auf dem Griffbrett.

Die Arpeggios für dieses Akkordformen sind:

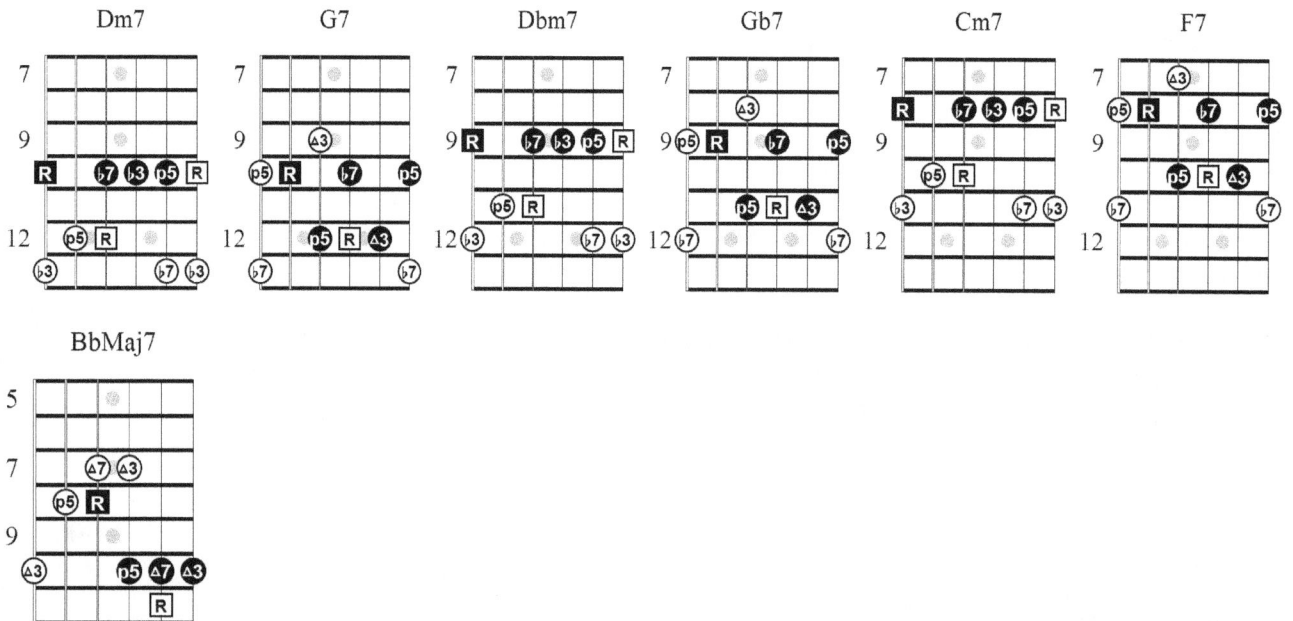

Dm7   G7   Dbm7   Gb7   Cm7   F7

BbMaj7

Die Menge von Tönen kann jetzt vielleicht einschüchternd wirken, aber eigentlich haben wir hier nur drei absteigende Arpeggio-Paare. Wir können so viele oder so wenige Töne aus ihnen verwenden, wie wir möchten.

Fangen wir mit einer Improvisationstechnik an, die im Jazz häufig verwendet wird: spiele nur die Terzen und Septimen aus jedem Akkord, um eine chromatisch absteigende Linie zu erzeugen.

Beispiel 11a: (Die mittleren drei Saiten)

Beispiel 11b: (Diskantsaiten)

Natürlich kannst du jeden Arpeggioton auf dem Akkordwechsel spielen, aber die 3 und die 7 sind Führungstöne und deshalb für den Anfang eine sehr gute Lösung.

Spiele als nächstes ein kurzes melodisches Motiv, das mit den Changes absteigt.

Beispiel 11c:

Du musst nicht auf jedem Akkord etwas spielen. Es kann sehr effektiv sein, Pausen einzufügen. Im folgenden Beispiel wird eine chromatische Melodie dazu verwendet, gezielt die Terz der Dominante in jedem Takt zu erreichen.

Beispiel 11d:

Versuche ein paar Melodien zu schreiben, die ausschließlich die Akkordtöne des iim7-Akkordes in jedem Takt verwenden.

Die folgenden Beispiele verwenden gezielt die 9 auf jedem Mollakkord und chromatische Achtel. Du hast diese 3-9-Arpeggios in Kapitel 5 gelernt.

Beispiel 11e:

Natürlich kannst du die Melodien so chromatisch und komplex gestalten, wie du möchtest:

Beispiel 11f:

Wenn du mit diesen Ideen in deinem Überaum sitzt, ist es sehr wichtig, deinen Lieblingsmusikern zuzuhören, wie sie über diese Changes improvisieren. Ich sitze oft mit dem ganzen Chord-Sheet des Stückes vor mir und höre einfach, wo der Solist seine Melodien spielt.

Überaschenderweise lassen einzelne Solisten immer über dem gleichen Akkord in jedem Takt eine Pause. Du kannst das interpretieren, wie du willst. Aber ich finde es recht tröstlich, dass sogar die besten Spieler nur eine gewisse Anzahl von Improvisationsansätzen benutzen.

Oft wird auch eine Gegenbewegung zu den Akkordbewegungen gespielt. Diese Akkordsequenz steigt schnell ab. Warum also nicht eine Melodie konstruieren die kontrastierend zu den Harmonien aufsteigt?

Melodien zu planen und sie dann auszuschmücken kann dir enorm helfen, Melodien für knifflige absteigende Changes zu finden.

Finden wir zuerst spezifische Arpeggiotönen, die über jedem Akkord der Progression aufsteigen. Das kann weiter unten am Griffbrett einfacher sein, aber wir bleiben in diesem Bereich, weil du den schon gut kennst.

Jedes Intervall der einzelnen Arpeggiotöne ist unter der Notenzeile notiert.

Beispiel 11g:

Nachdem ich jetzt einen aufsteigenden Weg durch die Changes gefunden habe, kann ich die Lücken mit chromatischen Durchgangstönen füllen. In der folgenden Melodie findest du nur eine Note, die absteigt. Dazu war ich gezwungen, weil die nächstliegenden zwei Arpeggiotöne nur einen Halbton voneinander entfernt waren.

Beispiel 11h:

Und zum Schluss kannst du ein paar Achtelnoten einfügen und mit Pausen melodischere aufsteigende Phrasen bilden.

Beispiel 11i:

Dieser Improvisationsansatz kann zunächst sehr kompliziert scheinen. Aber solche aufsteigenden Melodielinien machen deine Solos einzigartig, interessant und spannend.

Übe diese Arpeggios in anderen Position auf dem Griffbrett und schreibe so viele eigene Melodien, wie du kannst. Wenn du dich mit den Arpeggios in diesem Kapitel wohl fühlst, versuche die folgende Arpeggio-Sequenz zu lernen.

Kapitel 12: Die Tritonus-Substitution

Diese Akkordfolge kannst du auf Backing-Track Nr. 12 hören.

Tonales Zentrum: Bb-Dur

Die Tritonus-Substitution ist für die Jazzkomposition und Improvisation extrem nützlich. Das Konzept sieht so aus:

Du kannst jeden funktionalen Dominantseptakkord durch einen anderen Dominantseptakkord ersetzen, der im Abstand einer b5 (drei Ganztöne - verminderte Quinte) zu finden ist.

Die Tritonus-Substitution von G7 ist zum Beispiel Db7, weil Db die b5 von G ist.

Die Tritonus-Substitution von F7 ist B7, weil B eine verminderte Quint (drei Ganztöne) von F entfernt ist.

Wenn du verstanden hast, wie diese Substitution funktioniert, muss du nur noch daran denken, dass es „erlaubt" ist, zu einer funktionalen Dominante soviel Spannung zu geben, wie du möchtest.

Schauen wir uns an, welche Intervalle die Töne von B7 erzeugen, wenn sie über F7 gespielt werden.

F7 (Original-Akkord)				
B7 (b5-Substitution)	H	D#/Eb	F#/Gb	A
Intervalle in Bezug zu F7	b5	b7	b9	3

Der Akkord B7 hat zwei sehr wichtige Töne mit dem F7 gemeinsam: die Terz und die b7. Die 3 und die b7 sind die wichtigsten Töne, die den Klang eines Akkordes definieren.

Die Terz von B7 (Eb) ist die b7 von F7.

Die b7 von B7 (A) ist die Terz von F7.

Die beiden anderen Töne im B7-Akkord (B und Gb) bilden dann entsprechend die Intervalle b5 und b9 über dem F7-Akkord. Mit diesen zwei Tönen kannst du auf einer funktionalen Dominante eine tolle Spannung erzeugen.

Wenn du ein B7-Arpeggio über einem F7-Akkord spielst, implizierst du einen F7b5b9-Akkord.

Diese Regel lässt sich auf jede funktionale Dominante anwenden.

Die Tritonus-Substitution ist eine wichtige Substitution in der Jazzimprovisation und wird auch als kompositorisches Mittel für Melodien und Akkordfolgen eingesetzt.

Durch den Einsatz der Tritonus-Substitution in einer Akkordfolge kann man u.a. eine *chromatisch absteigende Basslinie* erzeugen.

Wenn man beispielsweise in der Akkordfolge Cm7 - F7 - Bbmaj7 die Tritonus-Substitution von F7 (B7) spielt, wird die Akkordsequenz zu Cm7 - B7 - Bbmaj7.

Du kannst das in der folgenden Sequenz hören.

Beispiel 12a:

Beide Akkorde haben musikalisch die gleiche *Funktion*, aber sie klingen ganz unterschiedlich.

Die folgenden Songs haben eine Tritonus-Substitution in ihrem harmonischen Aufbau. Man erkennt die Tritonus-Substitution an der chromatisch absteigenden Basslinie.

- The Girl from Ipanema (Gm7 - Gb7 - F)

- Footprints (Gbm7b5 - F7#11 - E7)

- Have You Met Miss Jones? (BbMaj7 - A7 - Abm7) und (GbMaj7 - F7 - Em7)

Spiele mit den folgenden Akkordformen durch die Tritonus-Substitutionssequenz:

Die entsprechenden Arpeggios sind diese:

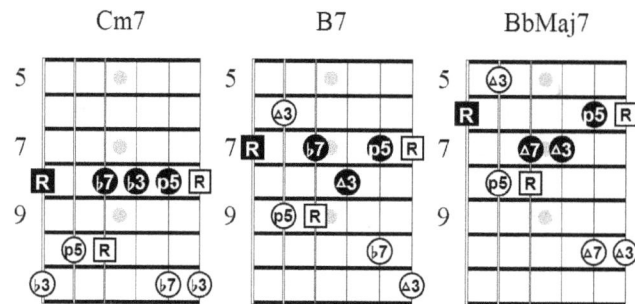

Cm7   B7   BbMaj7

Wenn du gerade lernst, wie man die Tritonus-Substitution in einer Improvisation verwendet, ist es sehr hilfreich, wenn du deine Melodien auf die hohen Saiten der Gitarre beschränkst. Dadurch hörst du die alterierten Erweiterungen des F7 im höheren Register.

Die folgenden Übungen werden dir dabei helfen, den einzigartigen Klang der Tritonus-Substitution auf einer ii-V-I-Wendung zu verinnerlichen. Auf dem Backing-Track hörst du die Sequenz Cm7 - F7b5 - Bbmaj7, aber wir substituieren ein B7-Arpeggio über dem F7b5-Akkord.

Beispiel 12b: (Viertelnoten)

Beispiel 12c: (Achtelnoten)

Beispiel 12d: (Achtelnoten mit chromatischen Approach-Notes)

Jeder funktionalen Dominante kann der entsprechende iim7-Akkord vorausgehen und genau das gilt auch für die Tritonus-Substitution. Man hört oft Solisten, die die Tritonus-Substitution und den ii-Akkord spielen, der dieser Substitution normalerweise vorrausgehen würde. Als Regel gilt:

Jedem dominantischen Akkord kann ein m7-Akkord auf der Quint über dem Grundton (des dominantischen Akkordes) vorrausgehen.

Im oberen Beispiel wird der ursprüngliche F7-Akkord durch einen B7 substituiert und die ii von B7 ist F#m7.

Das heißt, dass wir anstelle von einem einfachen F7-Arpeggio in Takt 2 auch F#m7 und B7 spielen können.

Auf dem Papier sieht das so aus:

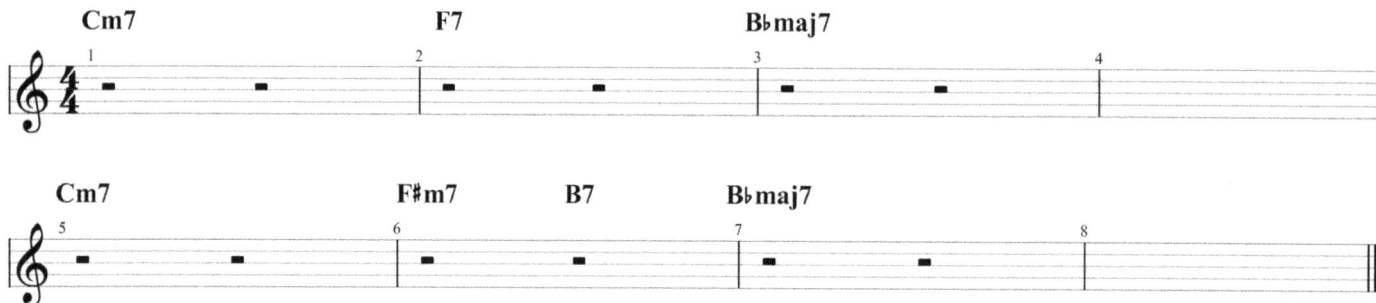

Der B7 ist die b5-Substitution von F und der F#m7 ist die ii von B7.

Es mag einem komisch vorkommen F#m7 über F7 zu spielen, aber schau' dir einfach die folgende Tabelle an, um zu sehen, welche Intervalle das F#m7-Arpeggio über dem F7-Akkord bildet.

F7 (Origina-Akkord)				
F#m7 (ii-Akkord der b5-Substitution)	F#/Gb	A	C#	E
Intervalle in Bezug zu F7	b9	3	#5	Natürliche 7 (große Septim)

Die einzige Note, die man bei dieser Substitution nur mit Vorsicht verwenden sollte, ist das E. Es bildet eine große Septim und reibt sich mit der b7 von F7. Normalerweise werden diese Substitutionen aber ziemlich schnell gespielt. Dadurch lösen sich Reibungen eigentlich sofort auf und sind kein Problem mehr, außer du bleibst zu lange auf dem E stehen. Wenn du willst, kannst du das Problem auch umgehen, indem du einfach einen F#m-Dreiklang (F# A C#) spielst, und dadurch das E vermeidest.

Das F#m7-Arpeggio wird folgendermaßen gespielt:

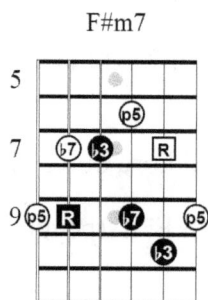

Nimm dieses Arpeggio zu den Übungen hinzu.

Beispiel 12e:

Beispiel 12f:

Beispiel 12g:

Beispiel 12h:

Diese Kombination von Substitutionen kann schon etwas gewöhnungsbedürftig klingen. Es kann also einige Zeit dauern, bis du sie in dein Spiel integriert hast.

Davon ausgehend können wir auch erweiterte 3-9-Arpeggios auf den Cm7- und den Bbmaj7-Akkorden spielen.

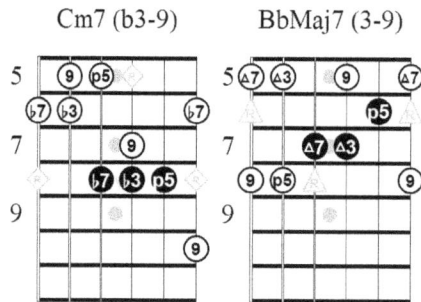

Cm7 (b3-9)   BbMaj7 (3-9)

Hier ist ein Beispiel, wie man alle diese Arpeggios miteinander verbinden kann.

Beispiel 12i:

Cm7   F#m7   B7   Bbmaj7

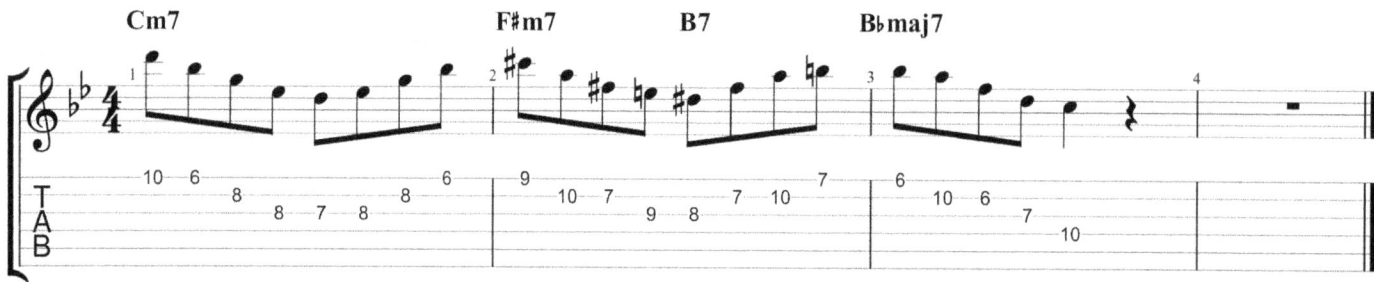

Die Tritonus-Substitution ist ein sehr wichtiges Mittel der Jazzimprovisation und du solltest dir die Zeit nehmen, dich mit ihr vertraut zu machen. Wir sehen uns im nächsten Kapitel noch mehr praktische Beispiele dazu an.

Die Tritonus-Substitution kann nämlich überall eingesetzt werden, wo es eine funktionale Dominante gibt (nicht nur auf der ii-V-I-Wendung). Sehr oft hört man sie auch in Takt 4 eines Jazzblues, wenn es wieder zur IV geht.

Die ersten acht Takte eines Jazzblues sehen normalerweise so aus:

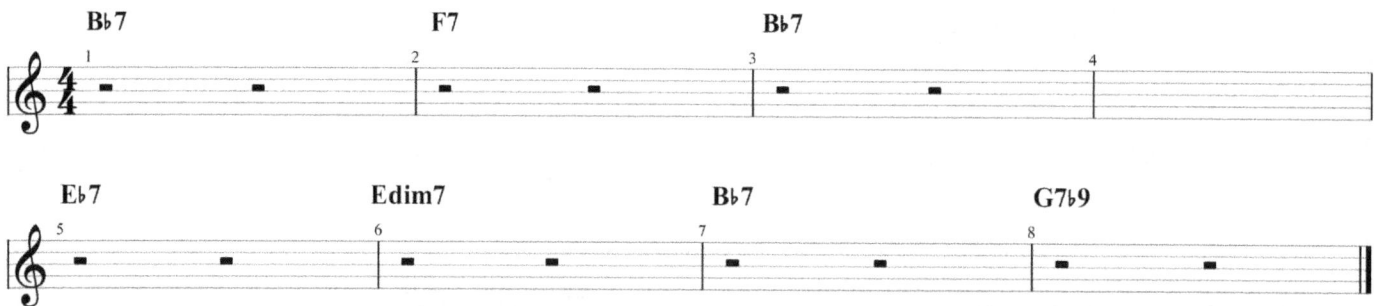

Bb7   F7   Bb7

Eb7   Edim7   Bb7   G7b9

In Takt 4 übernimmt die Bb7 eine dominantische Funktion und wird Dominante zu Eb7. Die Tritonus-Substitution von Bb7 ist E7. Wir können also den Bb7 in Takt 4 durch einen E7 ersetzen und an dieser Stelle ein E7-Arpeggio spielen. Dem E7 kann seine ii (Bm7) vorrausgehen, sodass die Progression dann so aussieht:

Probiere diese Substitutionen mit dem Jazzblues-Backing-Track aus.

Kapitel 13: III7 biii ii bII7 I

D7	Dbm7	Cm7	B7	Bbmaj7	

Diese Akkordfolge kannst du auf den Backing-Track Nr. 13 und Nr. 14 hören.

Tonales Zentrum: Bb-Dur

Diese Progression ist eine Substitution für den I-VI-ii-V-Turnaround. Die letzten beiden Takte bilden eine ii-V-I-Wendung zur Tonika Bbmaj7 hin und verwenden eine Tritonus-Substitution, wie wir sie im letzten Kapitel kennengelernt haben. So etwas kommt häufig in der Musik von Joe Pass und George Benson vor.

Die Akkorde in Takt 1 sind Substitutionen für die Stufenakkorde I und VI im ursprünglichen I-VI-ii-V-Turnaround. Man braucht ein bisschen Theoriewissen, um zu verstehen, wie diese Akkorde zustande kommen.

Mittlerweile solltest du dich mit dem Gedanken wohl fühlen, dass der Dm7-Akkord eine beliebte Substitution für den Bbmaj7 ist und auch als Bbmaj9 ohne Grundton betrachtet werden kann. Jazzmusiker verändern sehr oft die Akkordqualität beliebiger Akkorde in der Progression. In diesem Fall wurde der ursprüngliche Bbmaj7-Akkord durch einen Dm7 ersetzt und anschließend wurde die *Akkordqualität* zu einem Dominantseptakkord verändert.

In der zweiten Hälfte von Takt 1 kann der Dbm7 als Tritonus-Substitution eines G7-Akkordes betrachtet werden.

Du hast in Kapitel 12 gelernt, dass Tritonus-Substitutionen normalerweise als Dominantseptakkorde gespielt werden (wie in Takt 4), aber ich möchte noch einmal betonen, dass die Akkordqualität hier verändert wurde. Diesmal wird sie vom *Dominantseptakkord* zum *m7*-Akkord verändert. Wenn man ein Dbm7-Arpeggio über einem G7-Akkord spielt, erzeugt man einen G13b5b9-Klang.

Das Ergebnis all dieser Substitution ist eine chromatisch absteigende Progression, die auf der III (D7) beginnt und zur I geht.

Man kann übrigens die Qualität von *jedem* einzelnen Akkord in dieser Sequenz verändern: du könntest jeden Akkord in den ersten vier Takten als m7-, Dominantsept- oder sogar als alterierten Dominantseptakkord spielen.

Wenn du dich als Solist dieser Akkordsequenz annäherst, solltest du letztendlich auch unbedingt bedenken, dass du es hier bereits mit einer ziemlich komplexen Sammlung von Substitutionen für einen ganz einfachen I-VI-ii-V-Turnaround zu tun hast:

(Bmaj7)	(G7b9)	(Cm7)	(F7)		
D7	Dbm7	Cm7	B7	Bbmaj7	

Dadurch dass wir schon jetzt komplexe Substitutionen in unserem Solo spielen und die Rhythmusgruppe weiterhin die ursprüngliche Akkordsequenz spielen wird, muss man wirklich nicht *noch mehr* Substitutionen ins Spiel bringen. Der Zuhörer hat bereits genug Interessantes, das er oder sie hören kann.

Am besten bleibst du bei einfachen, rhythmisch starken Melodien, die die Arpeggios in Klammern ganz klar umschreiben.

Lerne zunächst die Akkorde, die die Basis für diese Arpeggiosequenz bilden.

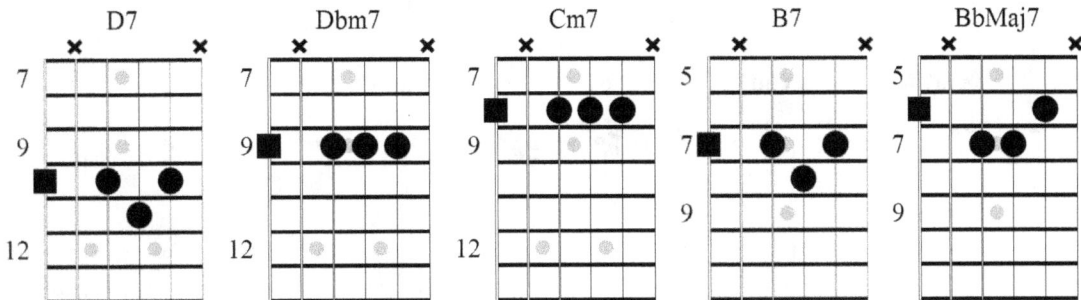

Wir könnten diese Progression in einer fixen Griffbrettposition lernen, aber die absteigende Sequenz ist viel einfacher. Du wirst die Changes dadurch leichter hören und umgehst viele komplexe Arpeggiobewegungen, mit denen wir zu kämpfen hätten, wenn wir die Progression auf einen kleinen Griffbrettbereich beschränken würden.

Wenn du dich mit diesen Akkordformen sicher fühlst, lerne die entsprechenden Arpeggios:

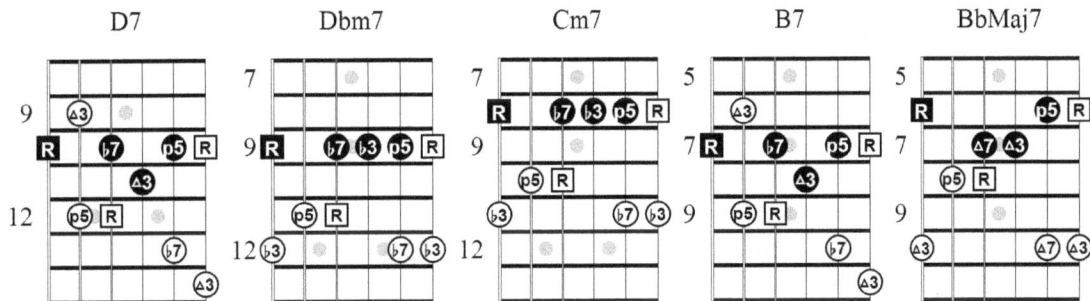

Genau wie beim Konzept in Kapitel 12, solltest du dich darauf konzentrieren diese Arpeggio auf den Diskantsaiten zu lernen, so dass die Erweiterungen und Alterationen der ursprünglichen Akkorde gut zu hören sind.

Hierfür gibt es zwei Backing-Tracks. Im Ersten wird die Akkordsequenz so gespielt, wie sie ist. Und der zweite Track enthält die *ursprüngliche* I-VI-ii-V-Progression, so dass du den Effekt der Substitutionen ganz klar hören kannst.

Fange mit Viertelnoten an und finde die Wege zwischen den Arpeggios.

Beispiel 13a:

Beispiel 13b: (Mit Achtelnoten)

Beispiel 13c: (Alle Noten sind Achtelnoten)

Man kann auch noch mehr interessante Rhythmen über diese Changes spielen.

Beispiel 13d:

Beispiel 13e:

Und dann kannst du Chromatik zwischen den Changes dazupacken.

Beispiel 13f:

Beispiel 13g:

Und zum Schluss: Verwende 3-9-Substitutionen über den Cm7- und Bbmaj7-Akkorden.

Beispiel 13h:

Beispiel 13i

Die Substitutionen in diesem Kapitel sind ziemlich fortgeschritten und man braucht sehr viel Übung, bevor sie von alleine laufen. Übungen helfen einem dabei, Theorie und die Anwendung von Substitutionen zu lernen. Aber langfristig liegt der Nutzen in der Bildung des Gehörs.

Das ultimative Ziel ist es, diese Substitutionen im Kontext hören zu können, so dass du deine Melodien ganz frei spielen kannst, ohne ständig über Arpeggios und Theorie nachzudenken.

Wenn du soweit bist, kannst du die Konzepte aus diesem Kapitel auf die folgenden Griffbrettbereiche übertragen:

Kapitel 14: Weitere Akkordprogressionen

Ich habe mich bemüht so gründlich wie möglich die häufigsten Akkordprogressionen im Jazz zu besprechen. Aber leider gibt es einige Sequenzen, die ich aus Platzgründen nicht ins Buch aufnehmen konnte. Die Beispiele aus dem Hauptteil des Buches sollten deine Priorität haben, aber es gibt einige andere Progressionen, von denen du zumindest schon einmal gehört haben solltest.

Hier ist eine kurze Zusammenfassung dieser Akkordfolgen. Ich hoffe, dass du mit den Methoden, die du beim Durcharbeiten des Buches gelernt hast, diese neuen Progressionen schnell beherrschen wirst.

Rhythm Changes Bridge

Diese Akkordfolge kommt extrem häufig vor und bildet den Mittelteil allen „Rhythm Changes"-Songs, wie I Got Rhythm oder Oleo. Diese Sequenz hat kein eigenes Kapitel, weil wir einen Großteil der Progression schon in Kapitel 2 besprochen haben.

Absteigende Grundtonbewegung auf einem Mollakkord

Diese Sequenz kommt in ziemlich vielen Moll-Stücken, wie My Funny Valentine oder Yesterdays, vor. Eigentlich dann, wenn die Harmonien über einen längeren Zeitraum auf einem Mollakkord stehen bleiben. Der Grundton des Akkordes (in diesem Fall Bb) sinkt mit jedem Takt einen weiteren Halbton ab.

Ladybird Changes

Das ist ein ungewöhnlicher Turnaround, der durch das Jazzstandard Ladybird berühmt wurde.

Von den drei Akkordfolgen in diesem Kapitel solltest du dich mit den ersten beiden auf jeden Fall beschäftigen, weil sie in verschiedenen Jazzstandards immer wieder auftauchen. Verwende dabei die Methoden, die du in diesem Buch gelernt hast: isoliere die Changes erst einmal auf kleineren Saitengruppierungen, bevor du längere Phrasen spielst, chromatische Töne hinzufügst und Melodien formst.

Das wahre Geheimnis des Erfolges liegt darin, das, was deine Lieblingsmusiker über diese Changes spielen, zu hören und zu transkribieren. Manchmal wird dich die Wahl ihres Tonvorrats überraschen, aber oft eröffnet dir die Analyse ihres Spiels viele neue interessante Möglichkeiten für die eigene Improvisation.

Wenn du auf nichts anderes achtest, dann wenigstens darauf, *wann* die Großen des Jazz ihre Phrasen spielen und versuche das nachzuahmen.

Es gibt viele Möglichkeiten daran zu arbeiten, Changes gut zu spielen. Das folgende Kapitel gibt dir stichpunktartige Übetipps, die dir helfen können, dein Gehör und deine Sicherheit auf dem Griffbrett zu entwickeln.

Kapitel 15: Übetipps für Changes

Die Übetipps in diesem Kapitel sollen dir Richtlinien und Strategien an die Hand geben, damit du wichtige Changes, Arpeggios und Klangfarben einfacher auswendig lernen kannst. Im Grunde haben sie alle die gleichen Ziele: indem du sehr spezifisch bestimmte Töne in jedem Akkord spielst und auch daran arbeitest, wann du sie spielst, wird sich deine innere Landkarte des Griffbretts immer mehr ausbilden.

Es wird jedes Arpeggio aus diesem Buch nochmal als Griffbrettdiagramm gezeigt und jedes Intervall des Arpeggios ist eingetragen. Grundtöne werden als Rauten und andere Arpeggiotöne als Kreise dargestellt.

Du weißt ja, dass manche Töne wichtiger sind, wenn wir einen Akkord „buchstabieren". Die wichtigsten Töne in jedem Akkord sind die Terz und die Septim.

Wenn wir spezifische Intervalle des Akkordes beim Üben anspielen, entwickeln wir nicht nur unser Wissen über das Griffbrett, sondern bilden auch unser Gehör. Du wirst nie lernen, Musik zu machen, wenn du nur Diagramme in einem Buch anschaust. Musik muss gehört und gefühlt werden. Weißt du, wie sich eine 9 über einem Durakkord *anfühlt*?

Die folgenden Übungen werden dir helfen deine Ohren mit der Gitarre zu verbinden.

Die Übetipps auf dieser Liste sind sorgfältig ausgewählt. Es kann Monate oder sogar Jahre dauern, bis du sie durchgearbeitet hast und sogar die besten Musiker können oft nicht alle spielen. Das liegt nicht daran, dass sie unspielbar sind. Es ist einfach nur eine umfangreiche Aufgabe.

Fange mit einer Akkordsequenz oder einem Stück an, das du gut kennst. Schalte einen Backing-Track an und beschäftige dich dann mit den folgenden Ideen.

- Spiele nur den Grundton in jedem Akkord auf Schlag 1.

- Spiele nur die Terz in jedem Akkord auf Schlag 1.

- Spiele nur die Septim in jedem Akkord auf Schlag 1.

- Spiele nur die Quint in jedem Akkord auf Schlag 1.

- Spiele nur die None (9) in jedem Akkord auf Schlag 1 (die natürliche 9 oder b9/#9 auf einer funktionalen Dominante).

- Spiele die Terz und dann die Septim.

- Spiele die Septim und dann die Terz.

- Spiele die Terz und die Septim gleichzeitig als geschlossenes Intervall.

- Spiele den Grundton, die Terz und die Septim zusammen als Akkord.

- Spiele einen Halbton unter dem Grundton und dann den Grundton in jedem Akkord (spiele diese Approach-Note auf den Off-Beat im vorrausgehenden Takt und lande dann mit dem Grundton auf Schlag ein).

- Wiederhole den letzten Schritt, aber spiele den Halbton unter dem Zielton auf dem Schlag und den Zielton offbeat.

- Wiederhole die letzten beiden Schritte mit der Terz, dann der Septim und zuletzt mit der Quint.

- Spiele einen Halbton unter dem Zielton, einen Ganzton über dem Zielton und lande dann auf dem Zielton.

- Wiederhole alle vorrausgehenden Schritte, aber diesmal auf Schlag 2 des Taktes.

- Wiederhole das Ganze aber auf Schlag 3 des Taktes.

- Wieder alles auf Schlag 4 des Taktes.

- Spiele den Grundton über zwei Halbtöne von unten in Achtelnoten an. Spiele, zum Beispiel, die Note C in einer Sequenz von Bb, B, C.

- Wiederhole den letzten Schritt, aber wähle die Terz als Zielton.

- Mach' die Septim zum Zielton.

- Mach' die Quint zum Zielton.

- Mach' die 9 zum Zielton.

- Spiele die Terz, die Septim und die None als Sequenz (#9 oder b9 auf einer Dominante).

- Spiele die Septim, die Terz und die None als Sequenz.

- Wiederhole die letzten beiden Schritte und spiele die Intervalle als Akkorde.

- Gehe in den Arpeggios so weit nach unten, wie du kannst.

- Gehe in den Arpeggios so weit nach oben, wie du kannst.

- Spiele vier Achtelnoten, mach eine Achtelpause und setze dann die Sequenz fort. Das ergibt tolle Rhythmusverschiebungen.

- Spiele Phrasen aus zwei Achtelnoten.

- Spiele Phrasen aus drei Achtelnoten.

- Spiele Phrasen aus fünf Achtelnoten.

- Spiele eintaktige Phrasen und beginne auf Schlag 2.

- Spiele eintaktige Phrasen und beginne auf Schlag 3.

- Spiele eintaktige Phrasen und beginne auf Schlag 4.

- Wiederhole die letzten drei Schritte und beginne auf den Off-Beats (den „und" in jedem Schlag).

Das sind schon mal einige super Übetipps. Ich würde dir empfehlen, eine Übe-Idee auszuwählen, und sie so mit einem Stück zu üben, dass du sie sicher kannst, bevor du dich der nächsten Idee am gleichen Stück widmest. Wenn du einige dieser Übungen in dein Übeprogramm einbaust, wirst du recht schnell hören, wie hilfreich sie sind.

Wenn eine Anweisung zu schwer ist, wähle eine andere aus. Aber sei ehrlich mit dir und unterscheide klar zwischen einer anspruchsvollen Aufgabe und einer Anforderung, die momentan noch außerhalb deiner Fähigkeiten ist. Du beschäftigst dich schon mit Improvisation über Jazz-Changes. Ich denke, dass die ersten fünfzehn Übungen ungefähr auf dem richtigen Niveau sein sollten.

Übe in kurzen intensiven Einheiten. Stell› dir einen Timer auf 15 Minuten und hör› auch wirklich auf, wenn er klingelt. Mach eine Pause und mache später ein weitere Übesession.

Nimm' dein Üben mit einer Videokamera auf. Das wird dich nicht nur auf Live-Auftritte vorbereiten, es wird deinen Fortschritt auch messbar machen. Schau' dir das Video frühestens nach einem Tag an. Dann wird es dir leichter fallen, objektiv und leidenschaftslos dein Spiel zu bewerten.

Mach' langsam. Du lernst mehr und wirst sicherer, wenn du eine Sache richtig gut kannst, als wenn du zehn Sachen schlecht kannst.

Transkribiere, hör' zu und lächle beim Spielen.

Zusammenfassung

Dieses Buch hat die Akkordfolgen (Changes) behandelt, denen du als Jazzgitarrist am häufigsten begegnest. Natürlich gibt es noch andere Sequenzen, aber du wirst überrascht sein, wie oft du mit diesen Fundamentalen Changes in der Jazzgitarre konfrontiert sein wirst.

Neue Akkordfolgen, die dir begegnen, werden oft Substitutionen oder eine Progression sein, die du in diesem Buch findest. Zuerst solltest du den Kontext betrachten, in dem die Changes gespielt werden. Wenn, zum Beispiel, die neue Akkordsequenz in den letzten zwei oder vier Takten eines Stücks stehen, sind sie wahrscheinlich irgendeine Art von Substitution für eine der folgenden Sequenzen: ii-V-I, I-VI-ii-V oder iii-VI-ii-V. Das wird nicht immer der Fall sein, aber es ist auf jeden Fall ein guter Anfang für deine Überlegungen.

Wenn du den Verdacht hast, dass eine neue Akkordsequenz eine Substitution für einen Turnaround ist, schau' dir an, welche Intervalle die Töne in der neuen Sequenz über den ursprünglichen Changes bilden würden. Wir haben das in Kapitel 14 genau besprochen.

Eine chromatische Linie im Bass ist oft ein Anzeichen für eine Tritonus-Substitution und vergiss nicht dass der iim7-Akkord der Substitution ebenfalls benutzt wird.

Schau' dir in komplexen Sequenzen die Basslinien zwischen den Dominanten an. Wenn die Bewegung zwischen den Dominanten chromatisch ist und es m7-Akkorde zwischen jeder Dominante gibt, hast du es wahrscheinlich mit einer Sequenz von Tritonus-Substitutionen zu tun, in die jeweils die iim7 noch eingefügt ist.

Im Real Book wirst du oft „alternative Changes" über einer einfachen Akkordfolge notiert sehen. Am besten meistert man Arpeggio-Substitutionen, indem man sich damit beschäftigt, wie die geschriebenen Substitutionen mit den Original-Akkorden in Beziehung stehen.

Wenn dir eine Akkordfolge vollkommen neu ist, sollten dir die Methoden aus diesem Buch dabei helfen, sie schnell zu meistern. Das Erfolgsgeheimnis ist, die Arpeggios in einem sehr kleinen Bereich über zwei Saiten zu spielen. Verschiebe diese Saitenpaare über die Saiten, bevor du zu Gruppen aus drei und vier Saiten weitergehst.

Vielleicht kommt es dir übertrieben vor, dich auf einen so kleinen Bereich zu beschränken. Aber ich verspreche dir, dass du die Changes dadurch viel schneller lernen und verinnerlichen wirst.

Verbinde dann schrittweise die einzelnen Akkordtöne mit chromatischen Approach-Notes und spiel' ein paar Achtelnoten auf Schlag 4. Je mehr Stücke du auf diese Weise durchgearbeitet hast, desto schneller wird das gehen. Und bevor du dich versiehst, wirst du ein überzeugendes Solo aus Akkordtönen (Chord Tone Solo) über jedem Jazzstandard spielen können. Je mehr du das machst, umso schneller wirst du ähnliche Progression immer wieder wiedererkennen.

Denk' dran, *Melodie und Rhythmus* zu üben. Spiele kurze Phrasen. Deine Solos klingen dadurch interessanter und musikalischer. Bebop kann im schlimmsten Fall zu einem Wettbewerb werden, wer die längste Reihe von Achtelnoten spielen kann.

Hör' dir Musiker an, die dir gefallen, und achte auf die Pausen, die sie zwischen einzelnen Phrasen machen. Bebop ist eine Kunstform, die auf dem Saxophon und der Trompete entwickelt wurde. Diese Instrumente haben gemeinsam, dass die Musiker, die sie spielen, atmen müssen. Das hat zur Folge, dass Bläser beim Phrasieren Vorteile haben.

Als Gitarrist hat es Vor- und Nachteile, dass wir von unserem Atem nicht abhängig sind. Man vergisst leicht, dass man Melodien in menschenmögliche Phrasen aufteilen muss. Hör' dir großartige Saxophonisten und Trompeter an, wenn du hören willst, wie Bebop-Phrasing tatsächlich klingt.

Modernere Spieler, wie Pat Martino, spielen extrem lange Melodien aus Achtel- oder Sechzehntelnoten. Aber diese Melodien werden mit einer atemberaubenden Plektrumtechnik und einer großen Dynamik artikuliert. Diese langen Melodien haben eine innere Struktur, die sehr schwer nachzubilden ist.

Viele Gitarristen und Keyboarder singen gerne die Melodien, die sie spielen. Das hilft uns, unser Gehör und unsere Finger zu verknüpfen und zwingt uns dazu, eine Pause zu machen, wenn wir atmen müssen. George Benson ist ein Meister dieser Technik.

Den besten Rat, den ich dir geben kann, ist es, diese Übungen durchzuarbeiten und in Verbindung damit, großartige Solos zu transkribieren, die diese Changes als harmonische Grundlage nutzen.

Arbeite immer an einer Transkription. Und wenn es nur 5 Minuten am Tag sind. Es gibt mittlerweile viele gute Transkriptionen von dem, was von den größten Musikern gespielt wird. Auf meinem Notenständer liegt immer eine Transkription von Joe Pass oder Wes Montgomery und ich verwende die meiste Zeit beim Üben mittlerweile darauf, ihr Phrasing zu meistern.

Die Übungen in diesem Buch werden dir zeigen, wo die „richtigen" Töne auf der Gitarre sind und wie man ein Solo um sie herum aufbaut. Aber es ist etwas Anderes, zu verstehen, wie man *Jazz-Vokabular* wirklich einsetzt.

Dieses Buch gibt dir das grundlegende Gerüst für deine Jazzimprovisation. Diese Übungen sind wichtig; aber diese Bausteine werden durch Transkribieren und dem Üben von berühmten Solos in lebendige Musik verwandelt werden.

Viel Spaß!

Joseph

www.ingramcontent.com/pod-product-compliance
Lightning Source LLC
Chambersburg PA
CBHW081427090426
42740CB00017B/3215

9 781910 403631